Matthias Jeschke und Dirk Glaser

GIPFELSTURM

Mit dem Auto auf 6.358 Meter – Geschichte eines Weltrekords am höchsten Vulkan der Erde.

Matthias Jeschke und Dirk Glaser
Gipfelsturm
Mit dem Auto auf 6.358 Meter – Geschichte eines
Weltrekords am höchsten Vulkan der Erde

1. Auflage 2005

Alle Rechte der Verbreitung sind vorbehalten.
Nachdruck, auch auszugsweise, nur mit schriftlicher Genehmigung des Verlags.

ISBN 3-9808709-9-5

© copyright by
Wieland Verlag GmbH, Gewerbepark 13, D-83052 Bruckmühl
Telefon 08062/7094-0, Fax 08062-7094-20
Internet: www.wieland-verlag.com
E-mail: info@wieland-verlag.com

Titelbildgestaltung: Caroline Wydeau
Gestaltung, Satz, Repro: Caroline Wydeau, Patrik Nadler, Tanja Königsfeld

Druck: Passavia Druckservice GmbH, 94036 Passau

Printed in Germany

Ob Traumstraße oder Rallyestrecke, ob Geschwindigkeits- oder Langstreckenrekord, ob Wüstendurchquerung oder Sternfahrt – es gibt eine Vielzahl von Höchstleistungen, die mit Automobilen bereits bewältigt wurden.

Doch kein Automobil war je auf einer Höhe jenseits von 6.300 Metern über dem Meeresspiegel.

Diese Grenze auszuloten und zu überfahren, war das Ziel unseres Unternehmens „Gipfelsturm".

*Matthias Jeschke und Dirk Glaser
im September 2005*

VORGESCHICHTE

Das Rauschen des Indischen Ozeans ist nicht zu überhören. Gerade haben die Musiker der Band ihre Instrumente eingepackt. Sie genehmigen sich noch einen letzten Schluck an der gewaltigen Holzbar des Hotels. Die meisten Gäste sind bereits in ihre Zimmer verschwunden, doch zwei Männer, die sich gerade kennengelernt haben, stehen an einem Tisch etwas abseits und tauschen Erfahrungen aus.

Matthias Jeschke aus Limburg hat sein Hobby zum Beruf gemacht und eine Firma gegründet, die sich in der Hauptsache mit dem Thema Geländewagen befasst. Handel, Fahrzeugumbau, Offroad-Reisen. So lassen sich grob die Geschäftsfelder umschreiben, mit denen der 34-jährige seinen Lebensunterhalt bestreitet.

Dirk Glaser ist Journalist. Hauptsächlich als Fernsehmoderator beim Westdeutschen Rundfunk tätig, betreibt er darüber hinaus eine Filmproduktionsfirma und ist als Filmemacher und Autor immer wieder in vielen Ländern der Erde unterwegs, um möglichst spannende Geschichten zu erleben und zu dokumentieren.

Im Gespräch der beiden entsteht noch in dieser Nacht die Idee, einen Höhenrekord auf vier Rädern aufzustellen. Der österreichische Bergsteiger Wilfried Studer, ein erfahrener Kletterer, ausgewiesener Kenner der Anden und Freund von Dirk Glaser, hatte eine für die Offroad-Welt interessante Entdeckung gemacht: Bei einer im Jahr 1990 durchgeführten Expedition zum Ojos del Salado, dem mit fast 7.000 Metern Höhe höchsten Vulkan der Erde, stellte Studer fest, dass man unter Umständen mit dem Auto relativ nah an den Gipfel heranfahren könnte. Schwere Raupenfahrzeuge, die vor vielen Jahren während der Bergung eines abgestürzten Hubschraubers eine Containerschutzhütte für die Bergungsteams auf eine Höhe von etwa 5.800 Metern brachten, hinterließen dabei eine Spur, die mit geländegängigen Fahrzeugen auch heute noch befahrbar sein müsste.

Nach der Rückkehr aus Mauritius recherchieren die beiden weiter. Und es wird klar: Diese Trasse ist höher als die höchste bekannte Straße der Welt, die im Norden Indiens die Städte Leh und Manali über den 5.682 Meter hohen Khardungla-Pass verbindet.

Schließlich bringt eine Reise zum Ojos del Salado im Januar 2004, bei der Wilfried Studer, Matthias Jeschke, Dirk Glaser und das spätere Teammitglied Roland Brühl die Realisierbarkeit des Rekordversuchs überprüfen, letzte Gewissheit: Die Trasse auf den Ojos del Salado ist der Weg zum Höhenweltrekord auf vier Rädern.

Dieses Buch berichtet in der authentischen Form täglicher Aufzeichnungen aus der Sicht von Matthias Jeschke über dieses Abenteuer, das die Beteiligten an die Grenzen menschlicher Leistungsfähigkeit brachte, die hohe Belastbarkeit moderner Technik unter Beweis stellte und die Faszination des Reiselands Chile intensiv erleben ließ.

INHALT

Vorgeschichte	7
Geografische Lage	10
1. Erkundigungen	12
2. Die Bergsteiger	21
3. Im hohen Norden	31
4. An der Grenze zu Bolivien	41
5. Hoch und heiß	51
6. Der große Salzsee	63
7. Das Rekordfahrzeug	71
8. In Copiapo	77
9. Der Rekord	87
10. Verwirrende Nachrichten	105
11. Die Konkurrenz	117
12. Laguna Verde	119
13. Spuren im Sand	123
14. Ein neuer Anlauf	125
15. Ganz oben	129
Das Team	138
Nachwort	141
Fotonachweis	142

Geografische Lage

△ Das Gebiet der Akklimatisierungstour (Antofagasta, Chuquicamata, Caspana, Linzor, San Pedro, Peine, Antofagasta).

△ Der höchste Vulkan der Erde, der Ojos del Salado, liegt an der chilenisch-argentinischen Grenze.

ERKUNDIGUNGEN

15. Dezember

Kein Mensch fährt einfach so zum Ojos, klettert hinauf und verschwindet wieder. Nein, eine Tour in Höhen von über 6.000 Metern will vorbereitet sein – vor allem in Bezug auf die Gewöhnung des Körpers an die dünne Luft hier oben. Wilfried Studer, Kurt Kobler und ich, Matthias Jeschke, haben nach eineinhalb Jahren Vorarbeit mit der letzten Phase der Vorbereitungen für den Höhenrekord begonnen, der genauen Erkundung unseres Zielberges. Als Erkundungsteam sind wir bereits einen Monat vor unseren Teamkameraden nach Chile gereist. Nach dem Vorweihnachtstrubel bei plus 35 Grad in Santiago, einer sehr angenehmen nächtlichen Busfahrt von der Hauptstadt 800 Kilometer in den Norden nach Copiapo und einer 300 Kilometer langen Geländewagenfahrt durch die Wüste Richtung Osten, haben wir unser Zeltlager an der Laguna Verde, der grünen Lagune, aufgeschlagen. Es ist nicht weit zur argentinischen Grenze. Der Höhenmesser zeigt eine Höhe von 4.400 Metern über Normal Null an. Ich habe Kopfschmerzen.

Wäre da nicht das in allen Blau- und Grüntönen schimmernde Wasser im See, man würde sich wie auf dem Mond oder dem Mars fühlen. Und tatsächlich, es ist noch gar nicht so lange her, dass die amerikanische Weltraumbehörde NASA hier in der Atacama-Wüste Experimente wiederholte, mit denen die Viking-Sonden in den siebziger Jahren auf dem Mars nach Lebensspuren gesucht hatten. Das Ergebnis lässt schaudern: Wie auf dem Roten Planeten schlug auch im Wüstenboden der Atacama die Suche nach Leben fehl.

Ganz so schlimm ist es an dieser Stelle der Wüste zum Glück nicht. Das Wasser der Grünen Laguna ist zwar salzig und deshalb ungenießbar, doch es bietet immerhin ausreichende Bedingungen für kleine Lebewesen, die wiederum als Nahrungsgrundlage für andere Tiere dienen. So schaffen es

DER HÖCHSTE VULKAN

Der Ojos del Salado liegt in der chilenischen Atacama-Wüste nahe der Grenze zu Argentinien und gilt mit 6.893 Metern als der höchste Vulkan der Erde. Ausbrüche gab es 1937 und 1956. 1993 wurde zum bisher letzten Mal der Austritt einer großen Gaswolke beobachtet. Für Offroad-Fahrer ist der Berg deshalb die erste Adresse, weil er mit dem Auto gut zu erreichen ist. Ein Jeep-Track führt zur Containerhütte Refugio Atacama auf 5.270 Metern. Und auch zum zweiten, gut 500 Meter höher gelegenen Unterschlupf für Bergsteiger führt ein Track, der zwar einige tückische Steilstellen aufweist, aber für geübte Fahrer kein unüberwindbares Hindernis darstellt. Die Atacama-Wüste selbst zählt zu den lebensfeindlichsten Regionen der Erde. Sie ist extrem niederschlagsarm.

Kapitel 1: Erkundigungen

sogar einige Flamingos, hier oben zu überleben. Am Südufer des Sees gibt es heiße Salzwasserquellen. Irgendwann einmal hat man hat hier in der Einöde sogar versucht, daraus eine Touristenattraktion zu machen. Ein kleiner vergammelter Pool und die Reste einer zusammengefallenen Hütte erinnern an den Mut der Investoren, die in dieser verlassenen Gegend mit Urlaubern Geld verdienen wollten. Wie die beiden vertrockneten Freunde, ein Esel und ein Ochse, hier her gelangt sind, bleibt rätselhaft. Außer diesen beiden stummen Beobachtern befindet sich nur noch eine Gruppe von vier chilenischen Bergsteigern in unserer Gesellschaft.

Kurt und Wilfried sind als erfahrene Bergsteiger und Abenteurer natürlich „voreingestellt". Sie wissen, wie sie mit der Höhe umgehen müssen. Für mich ist diese erste Zeit schwierig. Kopfschmerz, Appetitlosigkeit und die Notwendigkeit, intensiver zu atmen als weiter unten, machen mir zu schaffen. Und das, obwohl es „nur" um 4.400 Meter geht. Es ist allerdings trostreich zu wissen, dass die meisten Gipfel in den europäischen Alpen nicht mal an diese Höhe heranreichen. Der beste Weg, sich an die Umstände zu gewöhnen, ist viel Bewegung. Und so versuche ich mit langen Wanderungen den Körper für die Arbeiten der kommenden Tage vorzubereiten.

E-mail vom 12.12.2004

Liebe Sponsoren, sehr geehrte Damen und Herren, liebe Freunde!
Es ist soweit! Mit meiner Abreise nach Chile am heutigen Tag beginnen die direkten und letzten Vorbereitungen für das Höhenweltrekordprojekt Chile 2005. Bis Ende des Jahres wollen Wilfried Studer und ich den Rekordberg bei einer Besteigung intensiv erkunden und vermessen, um so den optimalen Track für die Weltrekordfahrt festlegen zu können.
Ich danke Ihnen und Euch allen auch im Namen meines Teams für die bisher geleistete Unterstützung und bin stolz und froh, für Ihre Firma bzw. Euer Interesse fahren zu können.
Meine Frau Karin wird in meiner Abwesenheit alle Fragen beantworten bzw. an mich zur Klärung weiterleiten.

Ihnen bzw. euch allen ein frohes Weihnachtsfest und eine guten Start ins neue Jahr 2005!

Grüße,
Matthias Jeschke

17. Dezember

Am späten Nachmittag erreichen wir nach teilweise sehr schwieriger Fahrt einen zwei Tage zuvor nur per Fernglas ausgekundschafteten Hochkessel unterhalb des Südwest-Gipfels des Ojos. Hier auf rund 5.550 Metern schlagen wir unser neues Lager auf. Noch am selben Abend und dem folgenden Tag unternehmen wir lange Erkundungs- und Akklimatisationswanderungen bis auf rund 5.900 Meter, bei denen ich mir mehr als einmal wünsche, als Bergziege auf die Welt gekommen zu sein.

Unglaublich, welche Fels-, Sand- und Geröllformationen hier zu entdecken sind. Allein der Ausblick auf eine sich im Süden anschließende, völlig flache Hochebene aus Sand, die sich über mindestens 15 Kilometer Länge und drei Kilometer Breite erstreckt, ist die Quälerei wert. Der Sand schimmert in den unterschiedlichsten Farben. Leider verschlechtert sich das Wetter zusehends. Heftige Böen und Sandtreiben führen dazu, dass wir unser Höhenlager am zweiten Abend wieder abbauen müssen. Außerdem hat die Kälte sämtliche Trinkwasservorräte im Auto einfrieren lassen. Wir fahren zurück nach Copiapo. Der Sauerstoff in der Oasenstadt auf gerade mal 500 Metern Höhe ist eine Wohltat. Wir sammeln zwei Tage lang Kräfte für die nächste Erkundungstour, die uns wenn möglich auf den Gipfel des Vulkans bringen soll.

20. Dezember

Von Copiapo führt eine recht gut ausgebaute Naturstraße Richtung Osten ins 535 Kilometer entfernte argentinische Tinogasta. Sie ermöglicht es, dass man den Ojos von der Provinzhauptstadt aus mit dem Auto in knapp einem halben Tag erreichen kann. Wir nehmen diesmal einen anderen Weg, fahren über schmalste Wüstenwege, durch Schluchten, über Passstraßen, die zum Teil aufgegeben wurden und auf aktuellen Karten gar nicht mehr verzeichnet sind. Das einige Jahre alte russische

COPIAPO: OASE IN DER WÜSTE

Copayapu bedeutet in der Sprache der Diaguita-Indianer „grüne Erde". Die Oasensiedlung hat eine lange Geschichte. Als Mitte des 16. Jahrhunderts die spanischen Eroberer Diego de Almagro und Pedro de Valdivia nach Copiapo kamen, wurde in dem grünen Tal mitten in der Wüste intensiv Landwirtschaft betrieben. Einen regelrechten Boom erlebte der Ort, nachdem der Maultiertreiber Juan Godoy 1832 eine Silberader in der Nähe entdeckt hatte. Die Stadt wurde sehr schnell reich, prächtige Häuser entstanden, und die erste Eisenbahnlinie Chiles wurde gebaut. Weihnachten 1851 fuhr der erste Zug auf der Strecke zwischen Copiapo und dem Pazifikhafen Caldera.
Die Lok und zwei Waggons kann man heute noch in der Nähe der Universität besichtigen. Vom einstigen Glanz der Stadt, die im 19. Jahrhundert eine der modernsten in ganz Südamerika war, ist nicht sehr viel übrig geblieben. Nach wie vor ist die Stadt der wichtigste Verwaltungsstandort für die vielen Minen in der Umgebung. Das Zentrum bildet die Plaza Prat mit eindrucksvollen alten Pfefferbäumen, die 1880 gepflanzt wurden und dem Platz einen parkähnlichen Charme verleihen. In der Mitte der Plaza steht eine Statue des glücklichen Maultiertreibers Juan Godoy. Es gibt einige gute Mittelklassehotels und eine akzeptable Gastronomie. Für jeden, der mehrere Tage in der Wüste verbracht hat, steht Copiapo trotz einer gewissen Verschlafenheit für alle Annehmlichkeiten der Zivilisation.

Kartenmaterial, das wir aus Deutschland mitgebracht haben, leistet hier hervorragende Dienste. Am Ojos angekommen, steigen wir noch am Abend auf 5.800 Meter und verbringen die Nacht im Refugio Tejos, einem Schutzcontainer für Bergsteiger. Es ist kalt – im Innern der Hütte messen wir minus 15 Grad Celsius – und es dauert eine Weile, bis man sich im Schlafsack einigermaßen wohl fühlt.

21. Dezember

Bergsteiger sind Frühaufsteher. Und so quälen sich auch Kurt, Wilfried und ich um fünf Uhr bei klirrender Kälte aus den Schlafsäcken. Um den höchsten Vulkan der Erde besteigen zu können, braucht es nicht nur Kondition, sondern auch beste Schutzkleidung. Ich ziehe alles an, was ich dabei habe, während Kurt uns noch eine Tasse heißen Tee zubereitet. Wie es heißt, brauchen geübte Bergsteiger sechs bis acht Stunden, um von der obersten Containerhütte hinauf zum Gipfel zu steigen. Für den Rückweg rechnet man etwa die Hälfte der Zeit. Wir beginnen um sechs Uhr unseren Aufstieg.

Dass es schwierig werden würde, hatte ich erwartet, aber so schlimm hatte ich mir die Sache doch nicht vorgestellt. Nur weil Wilfried als erfahrener Bergführer mit dem vorgelegten Tempo große Rücksicht auf mich nimmt (die Schrittgeschwindigkeit ist den Namen nicht wert) und Kurt mich mehr als einmal vor dem Umfallen bewahrt (starke Windböen pusten einen einfach um), schaffen wir einen Schnitt von etwa 200 Höhenmetern pro Stunde.

Ich versuche, mich so gut es geht an Wilfrieds Ratschläge über Steig- und Atemtechniken in großen Höhen zu erinnern und diese in die Tat umzusetzen, doch das ist leichter gesagt als getan. Jeder Meter ist schiere Quälerei. Als wir um halb zehn in 6.500 Metern Höhe an der nördlichen Flanke ein Gletscherfeld erreichen, teilt sich unser Team. Da ich bis zu diesem Zeitpunkt wirklich alles, was mir an Kraft zur Verfügung steht, aufgebraucht habe und mir die enorme Kälte mit dem starken Wind mehr als erwartet zusetzt, entschließe ich mich umzukehren. Kurt versucht noch das Gletscherfeld zu überqueren, hat jedoch Probleme mit einem Steigeisen, das sich wegen einer defekten Halterung immer wieder vom Schuh löst. Auch er dreht um, obwohl seine Kondition zum Gipfelsturm gereicht hätte. Wilfried hingegen schafft den Aufstieg und steht gegen 11.30 Uhr zum dritten Mal in seinem Leben auf dem Gipfel in 6.893 Metern Höhe.

Zwischenzeitlich sind Kurt und ich auf einer anderen als der Aufstiegsroute bis auf 6.100 Meter und anschließend bis zum Ausgangspunkt abgestiegen, um an einigen Stellen die Umgebung für die Rekordfahrt zu vermessen. Dazu haben wir Laser-Entfernungsmessgeräte mitgebracht. Gegen 14 Uhr sind wir wieder im Schutzcontainer. Eine gute Stunde Schlaf, der Empfang von Wilfried nach seiner Rückkehr vom Gipfel und ein Informationsaustausch mit einer Gruppe französischer Bergsteiger schließen sich an. Vier von sieben mussten wegen gesundheitlicher Probleme aufgeben. Ich bin also nicht der einzige, der sich körperlich schwer tut.

Wir packen unsere Sachen und machen uns auf den Rückweg nach Copiapo – hin zum Sauerstoff. Auf der abendlichen Fahrt platzt zu allem Überfluss noch ein Reifen unseres chilenischen Mietwagens, und wir kommen in den „Genuss" eines Radwechsels im Schein der Taschenlampen.

E-mail vom 22. Dezember

Liebe Freunde,
so kurz vor Weihnachten, noch einige kleine Informationen zusätzlich. Bei unserer Besteigung des Ojos sind wir in 6.050 m tatsächlich wie zuvor angenommen auf ein großes Gletscherfeld in einer Senke gestoßen. Ich gehe davon aus, dieses überfahren zu können. Es ist teilweise nur rund zwei Meter dick und hat wenige Brüche. Mit Leitern sollte uns die Überquerung gelingen. Dieser Weg würde uns dann in eine Hochebene führen, die an einem Nebengipfel des Ojos endet, unser mögliches Ziel. Das größte Problem liegt jedoch in der Zufahrt zu diesem Gletscherkessel. Dorthin führen nur zwei Felsbrüche. Beide sind leicht wasserführend, bedeckt mit Büßer-Eis, Geröll, Sand.
Außerdem sind sie sehr steil.
Es wird eine sehr schwierige Aufgabe. Da es jedoch keinen anderen Weg in Höhen über 6.000 m gibt, müssen alle diesen Weg nehmen. Das ist ausschließlich mit Seilwindenunterstützung zu bewerkstelligen. Die körperliche Belastung bei Arbeiten in dieser Höhe ist enorm. Unser Vorteil soll die gute Akklimatisation in dieser Höhe sein. Ich wünsche euch besonders in den kommenden Weihnachtstagen viele schöne Stunden, zu Hause, bei euren Familien oder Freunden
und ein wenig mehr von der Ruhe die man sonst nicht hat.

Viele Grüße, auch von Wilfried und Kurt
Euer Matthias

23. Dezember

Wir sind nach einer nächtlichen Salon-Cama-Fahrt wieder in Santiago. Hier steht Organisationsarbeit an. Unter anderem legen wir mit Hilfe der am Ojos gewonnenen Daten die Route fest, die unser Team im Januar zum Höhenweltrekord auf vier Rädern führen soll. Darüber

REISEN: CHILE PER BUS

Es ist kein Problem, sich in Chile mit öffentlichen Verkehrsmitteln fortzubewegen. Das Bussystem ist hervorragend organisiert. Über die Panamericana sind alle Städte und größeren Ortschaften miteinander verbunden. Man kann mit normalen Bussen zu (für europäische Verhältnisse) kleinen Preisen auch große Entfernungen gut überbrücken. Besonders empfehlenswert sind die so genannten Salon-Cama-Busse, die vor allem nachts verkehren. 24 großzügige Liegesessel lassen fast ein First-Class-Gefühl aufkommen. Es gibt auch einen Steward im Bus. Der Platz reicht zum bequemen Schlafen. Und da die Busse nur sehr selten halten, können Entfernungen von fast 1.000 Kilometern in einer Nacht zurückgelegt werden.

Kapitel 1: Erkundigungen

hinaus sind Vorbereitungen für die Zollformalitäten zu treffen. Der Rekordwagen, ein Toyota Landcruiser, ist seit zweieinhalb Wochen auf hoher See unterwegs. Ich hatte ihn in Hamburg einer internationalen Spedition anvertraut. Für die Ankunft in Chile ist eigentlich alles vorbereitet, doch es kommt nicht alle Tage vor, dass ein Privatfahrzeug aus Europa in Chile ankommt und das Land einige Wochen später auch auf dem Seeweg wieder verlassen soll. Die Gespräche bei den Behördenvertretern verlaufen in angenehmer Atmosphäre. Man verspricht uns, alle erforderlichen Schritte für eine schnellstmögliche Abwicklung der Zollformalitäten einzuleiten. Wir werden sogar zu Kaffee und Kuchen eingeladen – und einen vorweihnachtlichen chilenischen Glühwein gibt's auch. Nach dem erfreulichen Verlauf des Tages verbringen Wilfried, Kurt und ich einen entspannten Vorabend zum Weihnachtsfest in der chilenischen Hauptstadt – bei hochsommerlichen Temperaturen.

▽ Auf dem Weg zum ersten Höhenlager: Eines unserer Vorreisefahrzeuge, ein Toyota Hilux in rund 5.200 Metern Höhe; im Hintergrund die Ausläufer der Sand-Hochebene vor einigen 6.000ern.

Kapitel 1: Erkundigungen

△ Open-Air-Büro an der Laguna Verde.

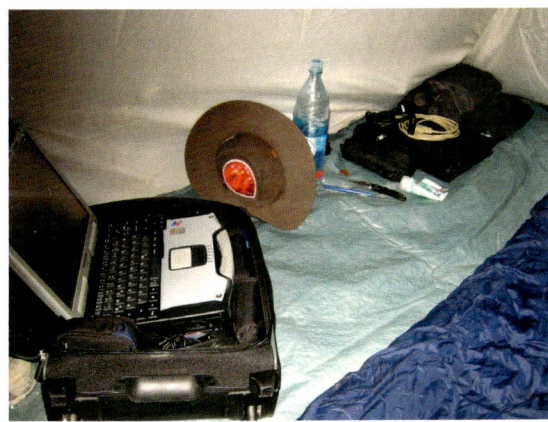

△ Der Draht zur Welt: Unsere Kommunikationsutensilien im Zelt.

△ „Drei Freunde" an der Laguna Verde – in der Wüste verendete Tiere.

Kapitel 1: Erkundigungen

△ Wilfried und Kurt bei der „Küchenarbeit" im Basiscamp an der Laguna Verde.

▷ Kurt in der obersten Containerhütte, dem Refugio Tejos, auf etwa 5.800 Meter.

▽ Wilfried und Kurt auf 6.500 Meter kurz unterhalb des Gletscherfeldes.

DIE BERGSTEIGER

24.-27. Dezember

Es ist der Morgen des Heiligen Abends, als wir mit einem Linienbus von Santiago de Chile nach Argentinien aufbrechen. Die Fahrt, die mich mit Wilfried und Kurt zum Ausgangspunkt eines weiteren Abenteuers bringen soll dauert etwa sieben Stunden und führt uns einmal quer durch die Anden. Unnachgiebig aus den Felsen geschlagen, schlängelt sich die Straße durch Schluchten und grobe Felstunnel, vorbei an abenteuerlich verlegten Eisenbahnschienen und an verlassenen Ruinendörfern bis nach Mendoza, die für ihren Wein bekannte argentinische Oasenstadt, unserem Zielort.

Der Grund, warum wir nach Argentinien gekommen sind, ist der Beruf Wilfried Studers. Er arbeitet während der Wintermonate als Bergführer in aller Welt. Und besonders gut kennt er sich am Aconcagua aus. Der Berg der Berge, auch „weißer Wächter" genannt, ist das Herzstück des 710 Quadratkilometer großen Nationalparks im argentinisch-chilenischen Grenzgebiet. Er soll mit einigen Freunden aus Deutschland und Österreich bestiegen werden. Eigentlich hatte ich nicht dabei sein sollen. Doch die Erfahrungen, die ich vor ein paar Tagen am Ojos del Salado machen musste, haben gezeigt, wie wichtig eine ausreichende Akklimatisierung für unseren Höhenrekord sein wird. Und es gibt keine bessere Vorbereitung als die Besteigung eines Fast-Siebentausenders.

Wir verbringen in Mendoza die Weihnachtstage auf typisch argentinische Weise: Mit Gottesdienst in der Basilika und anschließender Feier in einem der riesigen Restaurants. Es sind mindestens 400 Erwachsene und Kinder, die sich nach einem späten Abendessen um Mitternacht umarmen, ein Feuerwerk beklatschen und anschließend die Bescherung genießen. Der Morgen graut bereits, als wir nach all dem Feiern wieder in den Hotelbetten liegen.

28. Dezember

Etwa zwölf Tage sind für unsere Tour veranschlagt. Wir starten mit unseren Rucksäcken am Morgen aus dem kleinen, recht bekannten Skiort Los Penitentes. Jetzt im Sommer ist das Nest verlassen. Nur ein einfaches Hotel hat für Bergsteiger geöffnet. Der erste Teil des Marsches ist nicht anspruchsvoll. Es geht etwa zehn Kilometer durch ein weites Tal zum Zwischenlager Confluencia auf eine Höhe von etwa 3.300 Metern. Wir erreichen das Lager bei Schneefall und starkem Wind. Nach einem kräftigen Abendessen verbringen wir die Nacht alle gemeinsam in einem Verpflegungszelt. Um Rucksackgewicht zu sparen, haben wir unsere Zelte und weitere schwere Ausrüstung bereits mit Gauchos und ihren Mulas ins Basislager Plaza de Mulas auf 4.400 Metern geschickt.

Unsere Gruppe ist zu acht. Und sie ist aus Schweizern, Österreichern und Deutschen zusammengesetzt. Neben Wilfried, Kurt und mir als Bergsteigerneuling sind Herbert Klocker, Reinhard Bösch, Alfred Florian, Reinhard Thoma und Siegfried Martuschkowitz mit von der Partie. Alles Männer, denen kaum etwas größere Freude bereitet, als per pedes möglichst hohe Gipfel zu bezwingen.

Kapitel 2: Die Bergsteiger

29. Dezember

Für mich bietet die Tour auf den höchsten Berg Amerikas neben der Akklimatisierung die Gelegenheit, die mitgebrachten Kommunikationsmittel auf Herz und Nieren zu testen. Das Iridium-Satellitentelefon trage ich die ganze Zeit im Rucksack mit, während das Computer-Toughbook auf dem Rücken eines Mulis ordentlich durchgeschüttelt wird. Wir sind um kurz vor neun am Morgen im Lager Confluencia aufgebrochen. Der Weg ist weit. Er führt über etwa 30 Kilometer und 1.000 Höhenmeter zum eigentlichen Basislager des Aconcagua, der Plaza de Mulas. Wir durchlaufen ein schier endloses Tal mit unzähligen Auf- und Abstiegen, Bachquerungen und endlosen Ebenen. Mit jedem Kilometer scheint mein Rucksack schwerer und der Wasserbedarf größer zu werden.

Während mir anfangs noch konstruktive Gedanken durch den Kopf gingen, heißt es nach einer Weile nur noch durchhalten. Ich schalte auf Autopilot. Außerdem macht mir eine große offene Blase

ACONCAGUA: DER WEISSE RIESE

Das Bergmassiv des Aconcagua liegt nicht weit von der Grenze zu Chile auf argentinischem Territorium. Der „weiße Riese" ist mit 6.959 Metern nicht nur der höchste Berg Amerikas, er ist auch die höchste Erhebung der westlichen Hemisphäre und der Süd-Halbkugel. Im Gegensatz zu vielen anderen hohen Gipfeln der Anden ist der Aconcagua kein Vulkan. Der Berg der Berge hat seinen Namen von Ureinwohnern. Allerdings streiten sich die Experten, ob er aus der Quichua-Sprache abgeleitet wurde, in der „Ackon Cahuak" mit „Wächter aus Stein" übersetzt werden kann, oder ob die Mapuche-Indianer für seinen Namen verantwortlich sind. Sie nannten den Fluss, der aus Richtung des Berges nach Chile fließt „Aconca-Hue", was soviel wie „er kommt von der anderen Seite" bedeutet.

Heute ist der Aconcagua einer der meistbestiegenen Fast-Siebentausender der Welt. Für viele ist er einer der schönsten Berge überhaupt. Die Normalroute, die abgesehen von der Höhe keine bergsteigerischen Schwierigkeiten birgt, wurde zum ersten Mal 1897 von einem Bergführer aus der Schweiz bestiegen: Mathias Zurbriggen war Mitglied einer Expedition unter Leitung des Engländers Edward Fitz Gerald. Die wahre Herausforderung bietet die gewaltige, drei Kilometer hohe Südwand. Sie ist eine der höchsten Steilwände der Erde mit jeder Menge bergsteigerischen Top-Schwierigkeitsgraden. Spitzen-Teams aus aller Welt sind oft monatelang am Berg, um diese Wand zu bezwingen.

Besonders tückisch für alle Berggänger sind die Wetterverhältnisse am Aconcagua. Selbst im Sommer kann sich eine ruhige Wetterlage innerhalb kürzester Zeit in ein Inferno verwandeln. Die enorme Höhe des Berges und die Nähe zum pazifischen Ozean machen zuverlässige Prognosen nahezu unmöglich. Besonders gefürchtet sind die so genannten „Vientos Blancos", die weißen Winde, die mit Geschwindigkeiten von 180 km/h und mehr oft tagelang jegliches Fortkommen unmöglich machen.

an der linken Ferse stark zu schaffen. Nach einer rund siebenstündigen anstrengenden Wanderung mit kraftraubenden Steilanstiegen zum Ende hin erreichen wir am Nachmittag völlig erschöpft das ersehnte Basislager. Nicht zuletzt wegen meiner Ferse freue ich mich auf einen Ruhetag. Je nach Wetterlage werden wir entscheiden, wann der drei- bis viertägige Aufstieg zum Gipfel gestartet wird.

31. Dezember / 1. Januar

Das Wetter bleibt schlecht. Wir können von der Plaza de Mulas nur kürzere Touren in die Umgebung unternehmen. Am Morgen entscheiden wir uns, gemeinsam den Gipfel des Co. Bonnet zu erklimmen. Dieser in der Nähe gelegene Fünftausender soll uns mit seiner Höhe und den steilen Geröllhängen als weitere Vorbereitung für den Aconcagua dienen. Zusammen mit Wilfried, Alfred, Herbert, Reinhard Bösch und Siegfried gehe ich in einer Sechsergruppe und erreiche den Gipfel gemeinsam mit den anderen um etwa 14.00 Uhr. Um wegen des immer schlechter werdenden Wetters kein Risiko einzugehen, steigen wir nach einer kurzen Gipfelfeier schnell wieder ab. Etwa 100 Höhenmeter unter dem Gipfel treffen wir auf Reinhard Thoma und Kurt Kobler, die als Zweiergruppe aufgestiegen waren und den Gipfel eine Dreiviertelstunde nach uns erreichen wollten. Leider kommen jedoch – unmittelbar nachdem wir uns verabschiedet haben – starke Graupelschauer mit Blitz und Donner auf, die unserer Gruppe den Rückweg erschweren und Reinhard und Kurt nur 20 Höhenmeter unter dem Gipfel zum Umkehren zwingen. Nach teilweise rasantem Abstieg erreichen alle am späten Nachmittag wieder wohlbehalten das Basislager.

Es ist ein besonderes Erlebnis, in dieser Gegend, fernab von der Zivilisation, hautnah mit den Naturgewalten Bekanntschaft zu machen. Umso intensiver verleben wir den Silvesterabend gemeinsam mit einer Gruppe italienischer Bergsteiger in unserem kleinen Essenszelt. Wir feiern an diesem Abend gleich zweimal den Jahreswechsel, einmal nach europäischer und einmal nach Ortszeit. In dem gut besuchten Basislager gibt es sogar einige Bergsteiger, die Böller und Raketen aus dem Camp abfeuern. Ein bizarres Bild hier mitten im Ödland.

Am Neujahrstag endlich bessert sich das Wetter. Wir beschließen, am nächsten Tag den Aufstieg zum Aconcagua zu beginnen. Jeder hat nun damit zu tun, seine Ausrüstung für die nächsten Tage zu ordnen, zu packen und sich innerlich auf den anstrengenden Marsch einzustellen.

2. Januar

Dass ich und einige andere in dieser Nacht nicht besonders lange schlafen und in aller Herrgottsfrühe abmarschbereit sind, liegt wohl an unserer Nervosität. Jetzt also soll's endlich losgehen, hinauf auf den höchsten Berg Amerikas. Es gibt auf der ganzen Welt nur im Himalaya höhere Gipfel. Um möglichst wenig tragen zu müssen, ist nur das Nötigste im Rucksack. Drei Sturmzelte, den Kocher und einige Essensvorräte lassen wir durch einen Träger ins Zwischenlager und später ins Höhenlager bringen. Wir selbst folgen. Es dauert etwa fünf Stunden, bis das Zwischenlager auf 5.200 Metern erreicht ist. Es liegt auf einem Felsplateau, das zum Teil mit Schnee bedeckt ist. Leider sind wir zu diesem Zeitpunkt nur noch zu siebt. Reinhard Thoma spürt in einer extremen Steilpassage ein starkes Stechen in der linken Brusthälfte. Er schafft es mit viel Willensstärke noch auf eine Höhe von 5.000 Metern, zieht dann aber die Umkehr dem Risiko eines weiteren Aufstiegs vor. Für uns andere folgen Zeltaufbau, Schneeschmelze, Suppe und Tee zubereiten. Kein ganz einfaches Unterfangen, da der Wind unablässig und heftig bläst. Es bleibt uns angesichts der Umstände nichts anderes übrig, als in den Schlafsäcken auszuharren und eine lange Nacht lang auf besseres Wetter zu warten.

3. Januar

Erst um zehn Uhr morgens flaut der Wind soweit ab, dass wir unseren Aufstieg fortsetzen können. 17 Stunden im Schlafsack reichen auch völlig aus. Strahlender Sonnenschein und Temperaturen knapp über dem Gefrierpunkt sorgen für einen recht angenehmen Rahmen. Wir erreichen das Höhenlager „Berlin" auf rund 5.900 Metern gegen halb vier am Nachmittag und beginnen sofort mit dem Lageraufbau. Wilfried schmilzt fürs Essen und Trinken etwa vier Stunden lang Schnee, während wir anderen die Zelte und Schlafplätze richten.

Da ich dem Vernehmen nach zu „hörbarem Schlaf" neige, beziehe ich zusammen mit Kurt einen in der Nähe des Lagerplatzes aus Holz errichteten Windschutz. Es ist zwar nicht damit zu rechnen, dass die anderen in dieser Höhe gut schlafen können. Aber da ich durch die Ausflüge zum Ojos ihnen gegenüber einen kleinen Akklimatisationsvorsprung habe, will ich den Kameraden jede unnötige Störung in der vor uns liegenden schwierigen Nacht ersparen.

4. Januar

Die Nacht wird tatsächlich nicht einfach. Schon wegen der Kälte ist an Schlaf kaum zu denken. Obwohl ich schon die Hälfte der Schutzkleidung am Körper trage und zusätzlich eine Schutzdecke über dem Schlafsack liegt, friere ich so, dass erholsamer Schlaf nicht in Frage kommt. Gegen fünf Uhr fordert Kurt mich endlich auf, die Schuhe im Schlafsack anzuziehen und mich bereit zu machen. Der Startschuss zum Gipfelsturm ist gefallen.

Kurt und ich brechen, nach Absprache mit Wilfried, als erste aus unserer Gruppe zügig auf, um Wartezeiten – und damit „Frierphasen" – zu vermeiden. Es ist acht Uhr, als wir gemeinsam mit einem weiteren deutschen Bergsteiger und einem Japaner in 6.400 Metern Höhe den letzten Windschutz vor dem Gipfel erreichen. Der verfallene, knapp 80 Zentimeter hohe Holzverschlag hinter einer Felsnase liegt auf einem Hangrücken direkt vor einem Gletscherfeld. Offensichtlich bot er den Bergsteigern in früheren Jahren letztmalig Schutz vor dem extrem kalten und starken Wind, dem jeder in der folgenden Querung zur Canaletta, einem langen schneebedeckten Quergang in 6.500 Metern Höhe, gnadenlos ausgesetzt ist.

Da Kurt und ich zu diesem Zeitpunkt schon unter kalten Zehen leiden und wir mögliche Erfrierungen an unseren Füßen vermeiden wollen, entschließen wir uns, an diesem Punkt auf Wilfried und die anderen zu warten. Während Kurt versucht, seine Zehen durch ständiges Bewegen im Schuh aufzuwärmen, entscheide ich mich dafür, durch das eingefallene Dach ins Innere des Verschlages zu steigen, Schuhe und Strümpfe auszuziehen und meine Füße kräftig zu massieren.

Als Wilfried mit Alfred, Reinhard, Herbert, Siegfried und einem Dutzend anderer Bergsteiger im Schlepptau eine halbe Stunde später eintrifft, haben sich Kurts Zehenprobleme noch nicht wirklich gebessert. Dennoch überquert er noch allein das vor uns liegende steile Gletscherfeld. Anschließend bricht er die weitere Besteigung jedoch ab, um eventuellen Erfrierungen vorzubeugen. Auch Herbert und Reinhard haben massive Probleme mit den Zehen und Fingerkuppen – trotz der dicken Fäustlinge. Beide steigen gemeinsam mit Kurt zur Plaza de Mulas ab.

Da meine Zehen nach der Massage wieder einigermaßen in Ordnung zu sein scheinen, verlasse ich meinen Unterschlupf und schließe mich Wilfried, Alfred und Siegfried an. Etwa um zehn Uhr haben wir die eisige Querung durchlaufen und erreichen den Einstieg zur gefürchteten Canaletta, eine fast 200 Höhenmeter steil aufsteigende Geröllrinne. Die Nasenspitze von Siegfried hat während der Querung, die im Schatten liegt, eine unnatürlich bläuliche Färbung angenommen und droht zu erfrieren. Wilfried, der uns durch seinen gleichmäßigen langsamen Schritt an allen anderen aufsteigenden Bergsteigern vorbei am schnellsten durch die Querung geführt hat, legt jetzt eine Pause ein. Die Sonne tut Siegfrieds Nase sichtlich gut. Sie wird erfolgreich vor größerem Schaden bewahrt.

War der Weg bis hierher schon schwer, so wird der nun folgende Aufstieg durch die Canaletta für Alfred und mich zur Tortur. Alle paar Schritte halten wir an, ringen nach Luft und treiben uns gegenseitig weiter, wenn wir aufgeben wollen. Auch Siegfried geht es nicht besser: Er will 50 Höhenmeter oberhalb des Rastplatzes aufgeben. Wir lassen ihn auf seinen Wunsch dort in der Sonne zurück, doch eine dreiviertel Stunde später folgt er uns auf dem Weg nach oben. Alfred und ich kämpfen uns weiter, Schritt für Schritt. Und nach zähem Ringen erreichen wir tatsächlich um viertel nach zwölf als erste Bergsteiger an diesem Tag den Gipfel des Aconcagua. Erfasst von einem überwältigenden Glücksgefühl begreife ich als Neuling zumindest ansatzweise das Phänomen, das Bergsteiger immer wieder auf die Gipfel treibt. Siegfried schafft den Sprung auf das höchste Plateau Amerikas etwa eine Stunde später. Gemeinsam tragen wir unsere Namen ins Gipfelbuch ein und freuen uns nicht zuletzt an der grandiosen Aussicht vom höchsten Punkt der westlichen Hemisphäre.

Da der Weg zum Gipfel aber nur die halbe Miete ist („solange du auf dem Berg bist, gehörst du ihm", lautet eine Bergsteigerweisheit, „erst wenn du unten bist, gehört dir der Berg"), beginnen wir zeitig den gemeinsamen Abstieg zum Höhenlager Berlin. Nach dem Abbau der Zelte geht's weiter zum Basislager Plaza de Mulas. Nur Siegfried bleibt noch eine Nacht im Höhenlager auf 5.900 Metern, da er für einen weiteren Abstieg zu erschöpft ist. Gezeichnet erreiche ich am Abend das Basiscamp – nach mehr als zwölf Stunden Kampf.

7. Januar

Zurück in Santiago de Chile. Ich fühle mich gut nach der rund 100 Kilometer langen „Wanderung" und der Überwindung von etwa 10.000 Höhenmetern. Mehr kann man eigentlich nicht tun für eine möglichst gute Akklimatisierung.

Kapitel 2: Die Bergsteiger

△ Einstieg ins Aconcagua-Tal, unterhalb des Zwischenlagers Confluencia.

◁ Reinhard Thoma und Matthias im Tal der Täler. Das Aconcagua-Basislager ist noch rund fünf Stunden Fußmarsch entfernt.

Kapitel 2: Die Bergsteiger

▷ Matthias auf dem Gipfel des Co Bonnet, auf 5.100 Meter, im Hintergrund der Aconcagua in beeindruckender Größe.

△ Wilfried, Alfred, Reinhard, Matthias und Siegfried (von links nach rechts) bei einer Rast auf etwa 5.400 Meter.

Kapitel 2: Die Bergsteiger

△ Rastplatz an einer einigermaßen windgeschützten Stelle auf rund 5.800 Meter unterhalb des Höhenlagers Berlin.

△ Stürmisch, rau und hoch. Das Höhenlager Berlin auf 5.900 Meter mit den Zelten und dem Holzverschlag.

Kapitel 2: Die Bergsteiger

△ Kommunikationszentrale für die Nachrichten in alle Welt. Das Toughbook mit angeschlossenem Iridium-Telefon.

△ Geräumiger Holzverschlag: Das Nachtlager von Matthias und Kurt. Schade nur, dass die Tür fehlt.

△ Blick in die „Küche" des Höhenlagers. Wilfried Studer schmilzt stundenlang Schnee, vor allem um Trinkwasser zu gewinnen.

Kapitel 2: Die Bergsteiger

△ Blick vom Gipfel des Aconcagua in Richtung Argentinien.

▷ Geschafft: Das Gipfelkreuz auf 6.959 Meter.

▽ Nach der glücklichen Rückkehr vom Aconcagua, die Strapazen haben deutliche Spuren hinterlassen.

IM HOHEN NORDEN

12. Januar

Die Freunde aus Deutschland haben eine lange Reise hinter sich. Gestern Abend sind sie in Frankfurt gestartet, zwei Stunden nach Madrid geflogen und von da aus 13 Stunden nonstop nach Santiago de Chile. Einen Großteil des Vormittags haben sie dort am Flughafen gewartet, bis sie die Maschine nach Antofagasta besteigen durften. Noch mal gut zwei Stunden. Gott sei Dank gibt's reichlich zu sehen. Das Flugzeug der Lan Chile ist nicht voll besetzt, und so kommt jeder zu einem Fensterplatz:

Die Flugroute führt gerade nach Norden. Immer die Küste entlang. Aus zehn Kilometern Höhe lässt sich die Größe und Trostlosigkeit der Atacama-Wüste erahnen. Wie kann ein Land so trocken sein, das sich direkt an einem fruchtbaren Ozean erstreckt? Klar, es gibt wissenschaftliche Erklärungen für das Phänomen. Das kalte Wasser spielt eine Rolle, die Winde, die so gut wie nie Regenwolken nach Osten blasen. Trotzdem, der Kontrast ist frappierend. Hier das Wasser voller Leben, eine gewaltige Brandung, der Strand, und nur ein paar Meter weiter beginnt die Todeszone.

Der Flughafen von Antofagasta liegt am Strand des pazifischen Ozeans. Die Maschinen fliegen über dem Wasser an und landen dann auf der schwarzen Piste, die kilometerweit von weißem Sand umgeben ist. Die Sonne brennt vom Himmel. Es ist gleißend hell. Joachim Beyer, Roland Brühl, Thomas Linkel und Dirk Glaser sehen ein bisschen müde aus, sind aber wohlauf. Wir laden ihr Gepäck auf einen Pickup und fahren in die Stadt, wo Kurt und ich Hotelzimmer reserviert haben.

Der Abend in der Hotelbar wird lang. Wir sitzen auf der Terrasse mit Blick auf Brandung und Pelikane, Kurt und ich berichten über die Erkundungen am Ojos del Salado und natürlich über das glücklich bestandene Abenteuer am Aconcagua. Dazu gibt's frisch gezapftes chilenisches Cristal-Bier und genauso frischen Fisch aus dem Ozean. Zwischendurch stoßen wir mit der chilenischen Schnaps-Spezialität Pisco Sour an.

Die weiteren Pläne sehen vor, dass wir morgen früh mit drei gemieteten Toyota Pickups Richtung Osten fahren. Wir wollen uns einige Tage in den Bergen aufhalten, immer wieder kleinere Touren zu Fuß unternehmen. Kurt und ich sind ja schon akklimatisiert, aber die anderen haben diesbezüglich noch großen Nachholbedarf. Wilfried Studer ist mit dem Rest der Aconcagua-Gruppe bereits zum Ojos gefahren. Dort will er den Vulkan noch einmal besteigen und weitere Informationen sammeln. In einer Woche wollen wir uns dann mit ihm in Copiapo treffen.

13. Januar

Es dauert eine Weile, bis all unser Gepäck auf den Ladeflächen der Pickups verstaut ist. Die beiden wichtigsten Dinge für eine Fahrt in die Wüste haben wir reichlich dabei: Benzin und Wasser. Dann geht es hinauf ins Küstengebirge. Antofagasta liegt nicht direkt an der Panamericana. Man muss zunächst eine kurvige und stellenweise sehr steile Straße hinter sich bringen, auf der sich schwere Lkw entweder hinauf quälen oder vorsichtig hinunter Richtung Hafen schleichen. Unser kleiner Konvoi fährt weiter auf der Panamericana Richtung Norden. Wir passieren Baquedano, ein ziemlich trauriges Nest, das nur aus ein paar Häusern entlang der Straße besteht. Hier kreuzen sich zwei Bahnlinien, auf denen die endlosen Güterzüge mit der Ausbeute aus den Minen in der Atacama unterwegs sind. Meist transportieren die Züge hier im Schritt-Tempo Kupferplatten aus Chuquicamata nach Antofagasta, wo sie auf Schiffe verladen und in die ganze Welt weiter verfrachtet werden. Baquedano gilt als eine erste Adresse für Eisenbahnfreaks. Der Grund dafür ist das Museo Ferroviario. Ein richtiges Museum ist es eigentlich nicht: Auf einem alten Drehkreuz stehen ein paar Lokomotiven und Wagen herum und gammeln vor sich hin. Wir sind keine Eisenbahner und deshalb fahren wir zügig weiter.

Asphaltiert ist in diesem Teil Chiles nur die Hauptverbindung in nord-südliche Richtung, die Panamericana. Sie bildet das Rückgrat des Landes, das sich von Arica an der peruanischen Grenze über 4.300 Kilometer bis hinunter nach Feuerland im äußersten Süden erstreckt und dabei durchschnittlich nur 180 Kilometer breit ist. Auf der Panamericana werden die Güter transportiert, hier verkehren auch die großen Überlandbusse. Die lebensfeindliche Atacama-Wüste wird über Naturstraßen und Wege erschlossen. Sie verdanken ihre Existenz den Minen, die sich auch in den unwirtlichsten Ecken der Wüste befinden. Große Trucks versorgen die Minen und ihre Arbeiter mit allem Nötigen und transportieren die Bodenschätze zu den Überseehäfen.

ANTOFAGASTA: STADT DER ARBEITER

Mit etwa einer Viertelmillion Einwohnern ist Antofagasta die fünftgrößte Stadt in Chile. Sie erstreckt sich zwischen Pazifik und Küstenkordillere auf einer relativ engen Plattform über eine Länge von rund 20 Kilometern und nimmt mittlerweile auch die umliegenden Hügel weit hinauf ein. Antofagasta ist Verwaltungszentrum und wichtigster Hafen für die vielen Minen im Wüsten-Hinterland. Darunter ist die weltgrößte Kupfermine im etwa 200 Kilometer entfernten Chuquicamata am bedeutendsten. Viele Arbeiter aus „Chuci" haben in Antofagasta ihren Hauptwohnsitz. Ihre Familien leben ständig hier, während sie selbst ein kleines Appartement in unmittelbarer Nähe der Mine bewohnen.

Antofagasta ist abgesehen von der ziemlich spektakulären Lage keine wirklich attraktive Stadt. Allerdings bietet sie einschließlich Flughafen, Autovermietstationen und brauchbaren Hotels alles, was Reisende an Infrastruktur brauchen.

Kapitel 3: Im hohen Norden

Nur 26 Kilometer von Baquedano entfernt biegt die Panamericana nach links ab, rechts geht's nach Calama. Bevor wir weiterreisen, statten wir einer der zahlreichen „Geisterstädte" einen Besuch ab: Carmen Alto liegt in der Straßengabelung und war einmal eine Salpetermine. Die alten Industrieanlagen, die bis 1960 in Betrieb waren, wurden teilweise demontiert. Doch die dazugehörige Siedlung steht noch. Hunderte von Gebäuden waren einmal das Zuhause von einigen Tausend Minenarbeitern und ihren Familien. Die Häuser sind allesamt leer. In einem steht noch ein alter Herd in der Küche. Er war wohl zu schwer, um mitgenommen zu werden.

Heute wohnt nur noch Pedro in Carmen Alto. Er bewacht die Geisterstadt und freut sich, wenn Touristen vorbeikommen. Wir sind an diesem Tag allerdings die einzigen Gäste, die den tristen, etwas unheimlichen Ort mit seinem Theater besuchen. In der Hochzeit des Salpeterbooms traten hier sogar bekannte Opernsänger aus Europa auf. Die Bühne steht noch, auch einige Stuhlreihen und handgemalte Verzierungen an den Wänden sind vorhanden – allerdings etwas verblasst. Pedro erzählt uns, dass er diesen Job trotz der Einsamkeit gern macht, dass er stolz ist auf die Vergangenheit, in der hier so viel, so hart gearbeitet wurde. Auf dem trostlosen Friedhof liegen einige seiner Vorfahren begraben. Deren Andenken will er bewahren helfen, und er bittet uns, doch in Deutschland davon zu erzählen, so dass noch mehr Gäste kommen mögen.

Pedro winkt uns zum Abschied zu. Wir fahren weiter über Calama nach Chuquicamata – zum größten künstlichen Loch der Welt. Die Kupfermine soll sogar aus dem Weltall zu sehen sein. Chile ist einer der wichtigsten Kupferproduzenten weltweit. In der Mine von „Chuqui" werden allein 18 Prozent der chilenischen Förderung gewonnen. Im Tagebau hat man sich nach und nach bis zu einer Tiefe von 800 Metern vorgearbeitet. Das Loch misst an der Oberfläche rund drei auf dreieinhalb Kilometer. Unten werden täglich mehr als 100.000 Tonnen Gestein gesprengt und mit gigantischen Muldenkippern nach oben gefahren. Jeder dieser Lkw hat eine Nutzlast von 170 Tonnen. Gearbeitet wird in der Mine rund um die Uhr. Die Arbeitsplätze sind äußerst begehrt, trotz der gesundheitlichen Risiken, die der Job mit sich bringt. Er wird gut bezahlt, und die meisten Arbeiter können sich einen zweiten Wohnsitz in Antofagasta oder anderswo leisten.

Die Firma Codelco (Corporation del Cobre de Chile), Betreiber der Mine, befindet sich seit Allendes Zeiten in staatlichem Besitz. Der 1973 ermordete Präsident hatte die US-amerikanischen Besitzer enteignet – zu denen auch die Familie Guggenheim zählte.

Für uns wird es allmählich Zeit, in die Wildnis zu kommen. Wir tanken noch einmal in Calama, machen dann eine kurze Rast in dem Dorf Chiu-Chiu. Das kleine Gasthaus dort hat eigentlich geschlossen, doch die nicht mehr ganz junge Wirtin reagiert auf unser Klopfen und zaubert uns ein Eintopfgericht auf den Tisch. Als wir uns nach dem Mahl vor der Tür von ihr verabschieden wollen, zeigt die kleine Frau zum Himmel: Schwarze Wolken sind im Nord-Osten zu sehen. Und es ist sehr windig. „Seit 20 Jahren", erzählt sie, „hat es hier in Chiu-Chiu nicht mehr geregnet. Heute könnte es wieder mal passieren."

Wir sind etwa eine Stunde von Chiu-Chiu aus unterwegs, als wir rechts neben der Naturstraße eine Lama-Herde entdecken. Es sind etwa 50 Tiere, die sich überhaupt nicht erschrecken lassen, als wir mit unseren Autos näher kommen und aussteigen. Die Lamas werden in dieser Gegend als Nutztiere gehalten. Ihr Fleisch soll fast cholesterinfrei und sehr lecker sein. Auch die Lama-Wolle wird verarbeitet. Viel faszinierender für uns ist das Verhalten der Tiere. Sie zeigen keine Scheu, eines lässt sich sogar anfassen. Wovon sich die Kameltiere in diesem Ödland ernähren, bleibt rätselhaft. Am Boden finden sich keinerlei Pflanzenspuren. Irgendwo in der Nähe muss es Wasser geben.

Wir fahren noch eine halbe Stunde ostwärts und suchen uns dann einen Lagerplatz für die Nacht. Es ist fast dunkel, als wir am Fuß einer Felswand eine geeignete Stelle entdecken. Im Licht der Scheinwerfer werden die Zelte aufgebaut. Es ist windig, ab und zu nieselt es tatsächlich ganz leicht, so dass echte Lagerromantik an diesem Abend nicht aufkommen will. Alle verkriechen sich bald in ihren Schlafsäcken.

Kapitel 3: Im hohen Norden

Das größte Loch der
Welt, die Kupfermine
Chuquicamata.

Kapitel 3: Im hohen Norden

◁ 1600 PS und 170 Tonnen Nutzlast – einer der gigantischen Muldenkipper der Mine.

▽ Carmen Alto, eine verlassene Stadt, in der früher Salpeter gewonnen wurde.

Kapitel 3: Im hohen Norden

△ Einfahrt in die Geisterstadt, deren Erhalt vom deutschen Goethe-Institut mitfinanziert wird.

▷ Industrieanlagen und Wohnunterkünfte liegen eng beieinander. Die Arbeiter hatten es nicht weit zum Hüttenofen.

▽ Der ehemalige Dorfplatz – schwer vorstellbar, dass hier vor 50 Jahren das städtische Leben blühte.

Kapitel 3: Im hohen Norden

△ Dirk und Matthias beim Verfassen und Versenden der ersten Pressemeldung.

△ In der Weite der Hochebene trifft unser Konvoi auf eine einsame Lamaherde.

Kapitel 3: Im hohen Norden

▽ Von Angesicht zu Angesicht: Tier trifft Mensch in der Wüste.

Kapitel 3: Im hohen Norden

△ Kurz vor Sonnenuntergang am ersten Nacht-Lagerplatz auf der Hochebene.

◁ Aufbau des Zeltlagers im Licht der Autoscheinwerfer.

AN DER GRENZE ZU BOLIVIEN

14. Januar

Der Morgen ist wunderbar. In der Nacht hat es teilweise recht ergiebig geregnet, doch davon ist jetzt nichts mehr zu spüren. Kein Lüftchen regt sich, als wir in unserem Zeltlager das Frühstück zubereiten. Bei Tageslicht zeigt sich, dass wir gestern Abend im Dunkeln einen spektakulären Platz zum Übernachten ausgewählt haben. Die Zelte stehen auf einem kleinen Plateau am Fuße einer Felswand. Der Blick über die Wüste ist grandios. In der Ferne zeichnen sich immer wieder Felsformationen ab, die man aus amerikanischen Western zu kennen glaubt. Fehlt nur noch, dass ein paar Cowboys gleich um die Ecke biegen und einen frischen Kaffee verlangen.

Dirk und ich nutzen die Ruhe, um einen ersten Pressebericht nach Deutschland abzusetzen. Unser Laptop, ein extrem belastbares Panasonic Toughbook, funktioniert in Verbindung mit dem Iridium-Telefon hervorragend. Und Angela Recino und Gesine Krüger von Cine Relation in Bergisch Gladbach haben endlich etwas, mit dem sie die Presse-Arbeit vorantreiben können. Im Vorfeld hatten wir uns entschieden, erst zu diesem Zeitpunkt an die Öffentlichkeit zu gehen, um unsere Pläne nicht zu früh zu verraten. Denn es gibt tatsächlich ein Konkurrenzprojekt zu unserem Vorhaben.

Ein gewisser Rainer Zietlow, so haben wir bereits in Deutschland erfahren, plant ebenfalls am Ojos del Salado einen Höhenweltrekord mit dem Auto. Der PR-Mann ist mit einem VW-Touareg unterwegs. Wann genau er mit seinem Team den Angriff wagen will, weiß niemand. Es ist allerdings relativ sicher, dass auch Zietlow bereits in Südamerika unterwegs ist und dass er von unserem Projekt weiß. Wir vermuten, dass er Informanten in Deutschland hat und sofort davon in Kenntnis gesetzt wird, wenn über unser Projekt etwas in der Zeitung steht. Unsere Pressemeldung ist deshalb an diesem Morgen bewusst noch nicht sehr konkret formuliert:

> Auszug Pressemeldung, abgeschickt von Matthias Jeschke am 14. Januar
>
> Neuer Rekord – Mit dem Auto auf den höchsten Vulkan der Welt
>
> Limburg / Bergisch Gladbach. Man muss schon über eine gehörige Portion Abenteuerlust verfügen, um bestimmte Wagnisse einzugehen. Ein solches Wagnis steht kurz bevor: die Bezwingung des weltweit höchsten Vulkans der Erde – nicht zu Fuß, sondern mit einem Pkw! Und dies in der Atacama, der trockensten Wüste der Welt, in einer mondähnlichen Landschaft, geprägt durch Geröll, Sand und Steine. Der Abenteurer aus Deutschland ist der Limburger Matthias Jeschke. Das ehrgeizige Ziel des 33-Jährigen: eine neue Höhenrekordmarke mit dem Auto zu setzen und auf vier Rädern eine Höhe von über 6.000 Metern zu erreichen – und damit auch den Eintrag ins Guinness-Buch der Rekorde.

Kapitel 4: An der Grenze zu Bolivien

Die bis vor kurzem bekannte Rekordhöhe stand bei 5.726 Metern, aufgestellt 1999 von einem russisch-amerikanischen Team im Himalaya.

Matthias Jeschke selbst ist ein erfahrener Off-Roader und besonener Rallye-Fahrer, der sich in der europäischen Szene als Experte einen Namen gemacht hat. Mit Wilfried Studer aus Wolfurt/Vorarlberg hat er einen seit mehr als 20 Jahren erfahrenen Expeditionsleiter und Himalaya-Bergführer zur Seite. Jeschke und sein 7-köpfiges Rekord-Team sind topp vorbereitet und sorgfältig akklimatisiert.

Sie haben den welthöchsten Vulkan in den vergangenen Wochen intensiv erkundet und vermessen, um den optimalen Track für die Weltrekordfahrt festzulegen. Eine weitere wichtige Komponente: Wie reagiert die automobile Technik?

Nicht nur Menschen, auch Fahrzeuge brauchen Sauerstoff. Der bevorstehende Rekordversuch ist somit nicht nur ein Abenteuer für die Menschen, sondern auch eine Bewährungsprobe für das eingesetzte Material und eine eindrucksvolle Demonstration zum Stand der automobilen Technik im Geländewagenbau.

Fahren wird Jeschke den Rekordversuch über Steilhänge, Geröll- und Gletscherfelder mit einem Toyota Landcruiser. Zu den Ausrüstern, die das Rekord-Team unterstützen, zählen u. a. die Industrie-Partner Taubenreuther-Warn, Panasonic, Haca, Ursa, Delta 4x4 und France Telecom. Zur Dokumentation des Rekordversuchs selbst dienen Leica Laser-Entfernungsmessgeräte. Die Spannung steigt. Wird Matthias Jeschke es mit seinem Team schaffen, den südamerikanischen Riesen auf vier Rädern zu bezwingen? Wir halten Sie auf dem Laufenden.

Hinweis für Redaktionen
Dokumentation vor Ort: Dirk Glaser (TV) und Thomas Linkel (Foto). Dirk Glaser, Fernsehmoderator, Autor und Filmemacher und hat sich bereits mit verschiedenen Expeditionsdokumentationen einen Namen gemacht, darunter zur Erstbefliegung des Aconcagua mit dem Gleitschirm (ZDF, 1986) oder zur Expedition zum höchsten Berg Kolumbiens, dem Pico Colon (SWR, 1993). Thomas Linkel, freier Fotograf, bekannt durch seine Arbeit für internationale Magazine, u.a. „Stern"...

E-mail an Karin Jeschke vom 14. Januar

Hi Baby,
du erhältst heute oder morgen von Frau Recino den offiziellen Pressetext. Bitte leite diesen sofort! an alle E-mail-Empfänger unseres Verteilers (alle!!!!!!!!! Sponsoren, Freunde, Helfer etc.) weiter!!!!!!!
Hier klappt soweit alles. Drück uns die Daumen, dass uns niemand mehr reinschießt.
Ich melde mich.

Ein lieber Kuss,
Dein Matze

Die nächste Station auf unserem Weg in höhere Regionen ist das abgelegene Bauerndörfchen Caspana. Es liegt auf etwa 3.200 Metern in einem Canyon, durch den ein kleiner Bach fließt. 400

Menschen sollen hier leben, die sich ganz der Bewahrung ihrer alten Traditionen verschrieben haben. Entsprechend einfach ist ihr Leben, geprägt von der harten Arbeit in den Terrassenfeldern. Unsere Versuche, mit ihnen Kontakt auf zu nehmen, scheitern weitgehend – und das nicht nur wegen der Sprachprobleme. Auch auf unsere Fragen, ob wir sie fotografieren dürfen, reagieren die Einheimischen ablehnend. Es gilt als schlechtes Omen, sich ablichten zu lassen. Vielleicht ändert sich das demnächst in Caspana. Denn es wird gebaut. Der Dorfmittelpunkt wird restauriert, ein schattiger Rastplatz in der Mitte ist schon fertig. Und nebenan soll eine Herberge für Touristen oder zumindest ein Restaurant entstehen, um aus der idyllischen Lage des Ortes zumindest etwas Kapital zu schlagen.

Auf der Karte steht, dass wir von Caspana aus nördlich nach Aiquina weiterfahren können. Aber was bedeutet in dieser Gegend schon eine Karte? Es ist nicht einmal leicht, die richtige Straße aus dem Dorf hinaus zu finden. Nach mehreren Anläufen und Gesprächen mit Einheimischen stoßen wir schließlich auf einen Jeep-Trail, der in die richtige Richtung zu führen scheint. Die Strecke ist zwar stellenweise in denkbar schlechtem Zustand, doch wir kämpfen uns vorwärts. Nach etwa einer Stunde dann die Überraschung: Am Ende eines ziemlich steil nach unten führenden Wegstücks ist die Piste einfach weggebrochen. Der kleine, so unschuldig aussehende Bachlauf hat die „Fahrbahn" einfach mitgerissen – vermutlich nach einem Unwetter. Wir schauen uns die Lage genauer an, gehen zu Fuß ans andere Ufer, wo die Spur weiter geht, doch es gibt keine Chance, die Stelle zu überwinden. Mehrere Tage Arbeit wären nötig, um die Querung für Geländewagen wieder halbwegs befahrbar zu machen.

Also zurück nach Caspana, eine neue Strecke suchen. Diesmal führt der Weg oben am Rand des Canyons vorbei. Er ist natürlich unbefestigt. Ein mulmiges Gefühl beschleicht uns bei der Vorstellung, ein Stück des Pfades könnte einfach abbrechen. Die Gefahr wird realer, weil sich die Wetterlage wieder verschlechtert hat. Heftige Regenschauer sorgen nicht nur für einen Dauereinsatz der Scheibenwischer, sondern auch für einen rutschigen Untergrund und schnelle Auswaschungen. Jederzeit kann auch hier ein Stück des Weges unter der Last unserer Pickups wegbrechen. Nach einer Weile stellt sich heraus: Auch dieser Weg endet in einer Sackgasse. Immerhin entdecken wir unterwegs ein altes, verlassenes Bergdorf. Teilweise haben die Menschen hier offensichtlich in Höhlen gelebt. Daneben stehen an einem Steilhang mehrere Häuser, gebaut ausschließlich mit lose aufgeschichteten Steinen. Ein Anblick, der später vielleicht einmal Archäologen interessieren wird.

Nachdem wir also zwei Alternativen ausprobiert haben, umfahren wir schließlich die steilen Canyons weiträumig. Es geht ein Stück zurück, und so erreichen wir Aiquina viel später als geplant. Von hier aus wollen wir eine Verbindung in östlicher Richtung zur bolivianischen Grenze finden. In der Gegend von Linzor ist die Übernachtung im Zelt vorgesehen, auf einer Höhe von etwa 4.000 Metern.

Doch es kommt anders. Da wir schon fast den ganzen Tag im Regen fahren, sind die Tracks stellenweise stark aufgeweicht. Immer wieder gibt's kleinere Erdrutsche und Unterspülungen, die das Fahren auch für den geübten Offroader zu einer besonderen Herausforderung machen. Als wir den etwa 30 Kilometer langen Track nach Linzor in Angriff nehmen, verschlechtert sich das Wetter abermals. Wir geraten auf der nur zweieinhalb Meter breiten Piste zunächst in starken Regen und weiter oben sogar in Schneefälle. Immer wieder müssen wir aussteigen, zu Fuß vorauslaufen und prüfen, ob der Hang die Fahrzeuge trägt. So kämpft sich unser Tross mühsam Kilometer für Kilometer vorwärts. Immer in der Hoffnung, dass kein größerer Erdrutsch den Weg völlig weggerissen hat. Wenden wäre hier oben – ständig am Rand des Abgrunds – unmöglich.

Dann passiert es. Nach 20 harten und fahrtechnisch anspruchsvollen Kilometern, auf einer Höhe von 4.200 Metern, steht plötzlich ein Pickup vor uns auf dem Weg. Als wir bei strömendem Regen nachsehen wollen, was es mit dem Fahrzeug auf sich hat, steigt ein völlig verfrorenes Paar aus dem Wagen. Die Frau, offensichtlich eine Engländerin, fällt jedem von uns um den Hals, spricht pausenlos von einem Wunder und nennt uns „Guardian Angels", die ihr und ihrem Mann das Leben gerettet hätten.

Was war geschehen? Gillians Ehemann Mark war zu einem Geschäftsbesuch in der Kupfermine von Chuquicamata. Als sich die beiden für einen Tagesausflug in die Umgebung interessierten, habe man ihnen diese Strecke nach San Pedro empfohlen. Sie sei „ein toller abenteuerlicher Weg und verspreche nachhaltige Eindrücke". Wie wahr. Ohne jede Ausrüstung, ohne zusätzlichen Treibstoff, ohne Decken, ohne Schlafsack, Essen oder Trinkwasser waren die beiden am frühen Morgen losgefahren. Jetzt stehen sie vor einem Erdrutsch, der den Weg versperrt. Um die Situation zusätzlich zu erschweren, hat sich der Wagen bei dem Versuch, rückwärts zu fahren, eingegraben. Keiner weiß, was Gillian und Mark passiert wäre, wenn wir nicht aufgetaucht wären. Sicher ist jedoch, dass ihr für den nächsten Morgen geplanter Rückmarsch nach Toconce – nach einer eisigen Nacht im Auto – mindestens acht bis zehn Stunden gedauert hätte und sie diese Anstrengung ohne Akklimatisation, ohne Essen, ohne geeignete Kleidung und bei Temperaturen von minus fünf Grad Celsius kaum überstanden hätten.

Wir nehmen die schwierige Stelle in Augenschein. Auch für uns ist das Weiterkommen eine Schicksalsfrage. Immerhin, wir könnten mit unserer Ausrüstung problemlos hier übernachten und zumindest auf besseres Wetter warten. Doch es ist wirklich ungemütlich auf diesem schmalen Weg am Rande des Abgrunds. Und so entscheide ich mich, zunächst mit dem Fahrzeug von Mark und Gillian eine Überquerung des Erdrutsches zu versuchen. Nach mehreren Versuchen gelingt es. Sehr schräg und direkt an der Kante überwinden anschließend auch unsere übrigen Fahrzeuge die extrem gefährliche Stelle.

Im Verlauf der folgenden zehn Kilometer passieren wir noch weitere äußerst schwierige Abschnitte, darunter drei Flussdurchfahrten. Bei Einbruch der Dunkelheit erreichen wir schließlich Linzor. Auf der Karte ist hier eine Ortschaft eingezeichnet. Wir finden zwei Gebäude: Eines ist verfallen und offensichtlich seit langem unbewohnt, das andere verriegelt. Da es immer noch in Strömen regnet, klopfen wir, und nach einer Weile öffnet sich tatsächlich die Tür.

Aldo, der Hausbewohner, hat nicht oft Besuch hier oben. Sein Job ist es, eine Pumpe zu überwachen, die die Industrieanlagen im Luftlinie etwa 50 Kilometer entfernten Chuquicamata mit Wasser versorgt. Er ist im Wechsel mit einem Kollegen immer wochenweise hier oben, freut sich über jede Abwechslung und bietet uns spontan zwei Räume für die Übernachtung an. Auch seine Küche dürfen wir benutzen. Und so wird es doch noch ein gemütlicher Abend. Es gibt viel zu erzählen. Dann geht's in die Schlafsäcke. Das englische Ehepaar bekommt noch ein paar Decken von Aldo und von uns und schläft halbwegs bequem auf einer Matratze, die auch schon bessere Zeiten erlebt hat.

Kapitel 4: An der Grenze zu Bolivien

Blühende Oase
inmitten der Einöde:
Caspana.

Kapitel 4: An der Grenze zu Bolivien

◁ Ohne Allradantrieb läuft hier nichts. Dorfjugend in Caspana.

▽ Dorfbewohner in Caspana an einem Ofen, in dem Brot gebacken wird.

Kapitel 4: An der Grenze zu Bolivien

△ „Nasse Füße in der Wüste": Furtdurchquerung in der Nähe von Caspana.

▷ Vielleicht schon bald ein Anziehungspunkt für Öko-Touristen: Idyllisches Caspana.

▽ Wie vor Jahrhunderten: Die Einheimischen leben von Viehzucht und bescheidenem Ackerbau.

Kapitel 4: An der Grenze zu Bolivien

◁ Bei Gegenverkehr gäbe es Probleme. Der Weg durch das Hochland ist schmal, und es gibt fast nirgendwo Ausweichstellen.

▽ Kein Weiterkommen an einer der schwierigsten Stellen. Der Wagen der Engländer hat sich in einem Bergrutsch festgefahren.

Kapitel 4: An der Grenze zu Bolivien

△ Was tun? Beratungen über die weitere Vorgehensweise an der blockierten Strecke. Es regnet in Strömen.

▷ Mit viel Mühe gelingt es, die schwierige Stelle mit sämtlichen Fahrzeugen im Konvoi zu überwinden.

▽ Mike, Gillian und Matthias während der Rettungsaktion.

Kapitel 4: An der Grenze zu Bolivien

△ Eine einsame Wasserpumpstation auf 4.000 Metern Höhe, unser Refugium für eine Nacht.

△ Kontakt zur Heimat: Der Tagesbericht wird via Satellit abgesetzt.

△ Abendessen in Aldos Küche nach der glücklich verlaufenen Rettungsaktion: Von links nach rechts Dirk, Matthias, Mike, Aldo, Roland und Gillian.

HOCH UND HEISS

15. Januar

38 Kilometer sind es von Linzor zum Geysirfeld El Tatio. An diesem Morgen zeigt sich die Andenkette von ihrer schönsten Seite. Nachdem wir uns von Aldo verabschiedet haben – er scheint nicht allzu traurig zu sein, wieder seine Ruhe zu haben – fahren wir entlang der bolivianischen Grenze nach Süden. Unsere Kolonne ist etwas größer geworden. Mark und Gillian wollen bis nach San Pedro bei uns bleiben.

Es ist nicht ganz einfach, den richtigen Weg zu finden. Die wenigen Schilder sind meist in einem erbärmlichen Zustand, oft gar nicht mehr zu entziffern. Auch auf die Karte kann man sich nicht verlassen, manche Wege enden buchstäblich im Nichts. Wahrscheinlich spielt die Grenze hier eine wichtige Rolle, die natürlich ebenfalls nirgendwo hier oben gekennzeichnet ist. Dafür ist die Landschaft phänomenal. Im Licht der Morgensonne strahlen die schneebedeckten Sechstausender um die Wette, die Gipfel scheinen zum Greifen nahe. Wir fahren durch Hochtäler, in denen viele einzelne Grasbüschel wachsen. Auf den Halmen hängen noch Tau- oder Regentropfen aus der vergangenen Nacht.

Der Weg ist von der vielen Feuchtigkeit ziemlich aufgeweicht. An einigen Stellen sind Teile des Bodens weggespült. Zwischendurch fahren wir auf einer frisch gefallenen Schneeunterlage. Immer mal wieder blockieren Felsbrocken, die mitten auf dem Weg liegen, die Weiterfahrt. Wir schaffen es jeweils mit vereinten Körperkräften, die Dinger aus dem Weg zu räumen. Die Zahl der Brocken auf dem Track spricht dafür, dass die Gegend hier oben nicht gerade häufig Besuch von Fremden bekommt.

Umso überraschter sind wir, als uns plötzlich drei schwer bepackte Motorradfahrer entgegenkommen. Die Jungs scheinen nicht viel Freude an ihrer Tour zu haben. Schon von weitem sehen wir, dass sie immer wieder absteigen müssen, um ihre Maschinen auf dem schweren Boden vorsichtig vorwärts zu bringen. Als sie näher kommen, hören wir sie laut fluchen – und zwar in deutscher Sprache. Die drei sind offenbar sehr frustriert und sagen kaum ein Wort. Es bleibt nur ein gemeinsamer Blick auf die Karte. Sie wollen mit den schweren Zweirädern dieselbe Strecke fahren, die wir gestern und heute zurück gelegt haben. Natürlich raten wir von diesen Plänen ab, allein schon wegen der für Motorräder kaum passierbaren Flussdurchquerungen. Trotz unserer Warnungen wollen die drei aber so schnell wie möglich weiter. Sie werden viel Zeit und Geduld brauchen, um über Linzor nach Aiquina zu fahren.

Wir erreichen das höchstgelegene Geysirfeld der Welt gegen halb elf am Morgen. Es liegt auf einer Höhe von 4.320 Metern und ist bekannt als einer der spektakulärsten Orte im Norden Chiles. Aus Hunderten von Löchern und Tümpeln steigt hier kochendes Wasser an die Oberfläche. Überall zischt, brodelt und köchelt es. Das System der Geysire hängt mit einem der schneebedeckten Vulkane zusammen. Im El Tatio steigt heißes Magma bis nah an die Oberfläche und erhitzt unterirdische Wasseradern. Früh morgens bei Sonnenaufgang soll man die eindrucksvollsten

Kapitel 5: Hoch und heiß

Dampffontänen erleben können. Wir sind einige Stunden zu spät dran, genießen aber dennoch die Kulisse. Und obwohl ein eisig kalter Wind weht, nutzen Kurt, Roland und Thomas die Gelegenheit, in einem der größeren Pools ein heißes Bad zu nehmen.

Wir hatten eigentlich vor, vom Geysirfeld aus einige Kilometer in die Höhe zu wandern. Schließlich sind wir nicht zuletzt hier oben, um unsere Körper an die Höhe zu gewöhnen. Doch wir verzichten darauf, denn das Wetter verschlechtert sich wieder rapide. Bei einem Telefonat via Satellit mit Wilfried in Copiapo erfahren wir mehr über die merkwürdige Wetterlage. Wilfried berichtet, dass sich ein riesiges Tiefdruckgebiet mit starken Regen- und Schneeniederschlägen über Bolivien und Teilen des nördlichen Chile befindet. Dieser gefürchtete Wintereinbruch im hiesigen Sommer wird als „Bolivianischer Winter" bezeichnet. In seiner extremsten Form tritt er nur alle paar Jahrzehnte auf, verursacht aber jedes Mal große Schäden an Straßen und Wasserleitungen.

Auch für uns sind das keine guten Nachrichten. Laut Wilfried hat eisige Kälte und heftiger Schneefall am Ojos del Salado die Lage erheblich erschwert. Bei Temperaturen von minus 30 Grad und einer Neuschneedecke von stellenweise einem Meter sieht's nicht gut aus für unser Rekordvorhaben. Dazu kommen noch Schneeverwehungen und Eis. Ein paar Tage sind es allerdings noch, bis wir am Ojos angreifen wollen. Bleibt nur die Hoffnung, dass sich das Wetter in dieser Zeit deutlich bessern möge.

Wir beschließen, das Geysirfeld zu verlassen und zügig weiter nach San Pedro zu fahren. Wir brauchen drei Stunden für die 100 Kilometer lange Strecke. Teilweise ist die Naturstraße einfach weggeschwemmt, es wimmelt von tiefen Schlaglöchern, und die Fahrer müssen sich sehr konzentrieren, um einen Unfall zu vermeiden.

E-mail an Karin Jeschke vom 15. Januar

Hi Schatz,

Werden nun versuchen, die 1000 km nach Copiapo zu fahren. Stimmung ist konstruktiv, aber stellenweise angespannt. Haben große Probleme mit dem Wetter. Es herrscht der Bolivianische Winter (letztmals so extrem 1986). Haben viel Schnee am Ojos bekommen. Wissen noch nicht, was dort geht. Hoffe, dass wir den Rekord wie geplant fahren können. Momentan 0-Grad-Grenze bei 4.400 m, auf 6.000 m ca. -25°C und rund 70 cm Neuschnee.

Ich bin in Gedanken bei dir,
Dein Matze

Immerhin, zwischendurch entschädigt der Blick auf einen Flamingoschwarm. Am späten Nachmittag erreichen wir die heimliche Hauptstadt der Atacama-Wüste, San Pedro. Der Ort liegt mitten in einer faszinierenden Wüstenlandschaft und ist bekannt als grüne Oase, in der es sich auch bei größter Hitze aushalten lässt. Etwa 1.000 Menschen sind hier offiziell zu Hause, doch zumindest im Sommer leben einige mehr in San Pedro. Es gibt zahlreiche Hotels. Einfachere Unterkünfte überwiegen, doch auch verwöhnte Touristen kommen in den beiden Luxusherbergen auf ihre Kosten.

Das Entscheidende aber sind zwei andere Dinge: Zum einen werden von San Pedro aus zahlreiche Ausflüge in die Umgebung angeboten, zum Beispiel zum Geysirfeld, das wir gerade besucht haben, zum Tal des Mondes oder zum größten Salzsee Chiles, dem Salar de Atacama. Zum zweiten bietet San Pedro eine Kneipenszene, die ihresgleichen sucht. Abends werden in den offenen Innenhöfen der Lokale Feuer angezündet, in deren Schein sich prima essen und trinken lässt. Die besondere Atmosphäre hat im Lauf der Jahre zahlreiche Alternativ-Touristen in den Ort gelockt, von denen der ein oder andere dauerhaft geblieben ist und sich heute als Tour-Guide seinen Lebensunterhalt verdient. Natürlich genießen auch wir nach unserer Ankunft die besondere Gastfreundschaft in San Pedro. Wir mieten uns für zwei Nächte in einer kleinen Herberge ein und gehen dann erst mal zum Abendessen. Es wird spät am Lagerfeuer, bei Gitarrenmusik und leckeren Kaltgetränken.

Kapitel 5: Hoch und heiß

◁ Morgendliche Abfahrt aus Linzor bei besten Wetterbedingungen.

▽ Die Navigation ist nicht immer ganz einfach: Joachim und Matthias beim Kartenstudium.

Kapitel 5: Hoch und heiß

△ Unterwegs an der chilenisch-bolivianischen Grenze auf rund 5.000 Meter Meereshöhe.

◁ Immer wieder müssen Hindernisse aus dem Weg geräumt werden.

▽ Deutsch-deutsche Begegnung: Auf dem schweren Untergrund haben vier Räder eindeutig Vorteile.

55

Kapitel 5: Hoch und heiß

Kapitel 5: Hoch und heiß

Anfahrt zum El Tatio, dem höchstgelegenen Geysirfeld der Erde.

Kapitel 5: Hoch und heiß

◁ Wegweiser sind Mangelware.

▽ Weithin sichtbare Rauchfahnen deuten es an: Wir sind in einer vulkanisch sehr aktiven Gegend.

Kapitel 5: Hoch und heiß

△ Windchill (gefühlte Außentemperatur) -15°C, Wassertemperatur ca. 90°C.

◁ Der heiße Dampf wärmt ein bisschen. Dirk und Kurt an einem kochenden Geysir.

▽ Baden mit Hut: Fotograf Thomas Linkel wärmt sich im heißen Wasser auf.

Kapitel 5: Hoch und heiß

△ Im Morgenlicht: Stundenlang fahren wir durch eine faszinierende Landschaft.

▷ Wasser ist Leben. Flamingos vor der Kulisse einiger Sechstausender an der chilenisch-bolivianischen Grenze.

◁ Einsame Bergriesen in der Nähe des Tatio.

Kapitel 5: Hoch und heiß

Kapitel 5: Hoch und heiß

△ San Pedro, mitten im Zentrum: Typische Straßenszene.

▷ Volltanken vor der langen Etappe durch die Wüste.

▽ San Pedro y san Pablo, die Lehmkirche aus dem 17. Jahrhundert, steht in der Nähe der Plaza.

DER GROSSE SALZSEE

16. Januar

Wir haben uns ein paar Tage in Höhen von drei- bis viereinhalbtausend Metern aufgehalten. Kurt und ich sind von unserem „Ausflug" auf den Fast-Siebentausender Aconcagua noch bestens an die Höhenluft gewöhnt. Doch Roland, Joachim, Thomas und Dirk haben noch einiges aufzuholen. Am nachhaltigsten akklimatisiert sich der Körper durch Bewegung in der Höhe. Anschließende Erholungsphasen in sauerstoffreicheren Regionen weiter unten tun ein Übriges für die Vorbereitung.

Für diesen Nachmittag hat Kurt einen Hang etwas oberhalb der Cuesta del Diablo, etwa 20 Kilometer außerhalb von San Pedro ausgesucht. Wir lassen die Autos auf einer Höhe von 4.000 Metern stehen und widmen uns dann mit leichtem Gepäck dem Steilhang. Es geht gerade hinauf. Keine Kurven, keine Bögen, die die Steigung entschärfen würden. Und schon nach kurzer Zeit merken die Untrainierten deutlich die Belastung. Nach 50 Minuten Schinderei haben alle 300 Höhenmeter geschafft. Keiner musste voll an die Belastungsgrenze gehen. Die Pulsmessung ergibt einen Maximalwert von 130. Ein gutes Ergebnis, das aber nur bedingt Rückschlüsse auf die Situation am Ojos zulässt. Dort werden wir es schließlich mit Höhen von über 6.000 Metern zu tun bekommen – hoffentlich.

17. Januar

Wir nehmen, nicht ganz ohne Wehmut, mit einem ausgiebigen Frühstück Abschied von San Pedro. Es gibt frischen Obstsalat mit Honig zum Müsli. Wem danach ist, der bestellt sich zusätzlich Rührei mit Schinken. Frisch gepresster Orangensaft, selbst gebackenes Brot und köstlicher Kaffee runden das Angebot ab. Und serviert wird all das unter freiem Himmel, auf Holzbänken in einem Patio. Nirgendwo sonst in Chile oder ganz Südamerika kann man solch ein Frühstück zelebrieren – außer vielleicht in den Luxushotels einiger Großstädte. Unter Frühstückskultur versteht man hierzulande normalerweise ein trockenes Stückchen Brot oder Keks, etwas Marmelade und einen Pott Kaffee. Dazu gibt's, wenn's hoch kommt, noch eine Art Fruchtlimonade. San Pedro bildet eine rühmliche Ausnahme – was vermutlich auf die vielen Aussteiger aus Europa zurück zu führen ist, die sich hier niedergelassen haben.

Nachdem wir unsere drei Fahrzeuge einschließlich der Reservekanister betankt haben, verlassen wir die in Richtung Süden. Zunächst geht es über eine gut ausgebaute Teerstraße am Ostufer des Salar de Atacama entlang. Der größte Salzsee Chiles erstreckt sich über eine Fläche von etwa 300.000 Hektar. Von Nord- zum Südufer sind es fast 100 Kilometer. Gespeist wird der See vom Rio San Pedro, der auch die Oase mit Wasser versorgt, und weiteren kleinen Zuflüssen aus den Bergen. Die große Senke hat keinen Abfluss, so dass das meiste Wasser verdampft. Übrig bleiben gewaltige Mengen verschiedener Salze, von denen einige in großem Stil abgebaut werden.

Kapitel 6: Der große Salzsee

Bekannt ist der Salzsee unter anderem für die Flamingo-Kolonie in einer Lagune am Ostufer. Der so genannte Lago Chaxa lässt sich besuchen – zwischen 9.00 und 20.00 Uhr. Man zahlt Eintritt und kann dann auf einem angelegten Fußweg zur Lagune laufen, um die Vögel zu beobachten. Es soll spektakulär sein, hatte man uns in San Pedro versprochen, besonders bei Sonnenuntergang, wenn die Vulkankegel im Osten in den schönsten Farben erglühen. Wir lassen die Flamingos für diesmal dennoch rechts liegen. Erstens ist noch lange kein Sonnenuntergang zu erwarten, zweitens sind wir noch voller Eindrücke der vergangenen Tage, und drittens haben wir noch ein ordentliches Stück Weg vor uns.

Wir entscheiden uns stattdessen für eine kurze Rast in Peine. Der kleine Ort in Hanglage am Südostufer des Salar wirkt etwas heruntergekommen. Glaubt man dem Schild am Ortseingang, so leben hier 429 Menschen mitten in der Einöde. Viel ist von ihnen nicht zu sehen. Immerhin, es gibt eine kleine Schule, einen Kiosk und eine Bushaltestelle. In alter Zeit war Peine eine wichtige Reisestation der Inkas. Später haben auch Pedro de Valdivia und Diego de Almagro auf ihren Eroberungsfeldzügen Peine besucht.

Wir müssen, wie häufig während unserer Reise, daran denken, unter welchen Umständen die Menschen früher hier reisten. Die Strapazen müssen unvorstellbar gewesen sein. Die Dürre in der Wüste, die Höhenprobleme in den Bergen, die unendliche Weite der Landschaft und die Unkenntnis über das Ziel, das man irgendwann einmal erreichen wollte, all das ist für uns moderne Abenteurer im komfortablen Geländewagen ziemlich weit weg – aber es tut gut, sich wenigstens ab zu daran zu erinnern.

Die Fahrt von Peine aus quer durch den Salar nach Westen ist ein Genuss. Die Straße verläuft bis auf eine einzige Kurve 30 Kilometer geradeaus quer durch den Salzsee. Abseits der Piste wäre ein Fortkommen so gut wie unmöglich. Die verschiedenen Salzkristalle sind so scharfkantig und hart zusammen gebacken, dass man sich schon nach kurzer Zeit die Schuhe aufschneiden würde. Jeder kleine Sturz in den bizarren Formen birgt ein enormes Verletzungsrisiko. Entsprechend vorsichtig gehen wir bei unseren Foto- und Filmaufnahmen vor.

Vom Salar aus sind es noch etwa 350 Kilometer durch die Wüste zurück nach Antofagasta, die größte Stadt im Norden Chiles. Unser Plan sieht vor, dass Kurt und ich von hier aus den Nachtbus nach Arica nehmen. Dort im Hafen wartet mittlerweile das in Hamburg verschiffte Rekordfahrzeug auf seine Abholung. Morgen früh, so ist es mit den Behörden am Hafen verabredet, können wir den Wagen in Empfang nehmen. Die 700 Kilometer von Antofagasta nach Arica an der peruanischen Grenze sind eine ideale Entfernung für den Nachtbus, den wir ja auf anderen Strecken in Chile auch schon gern in Anspruch genommen haben – besonders in seiner preiswerten Luxusversion, dem Salon Cama. Und so haben Kurt und ich nichts gegen eine bevorstehende Nacht im Bus einzuwenden.

Schade nur, dass wir die Tickets nicht schon im voraus gebucht haben. Denn nach der Ankunft in Antofagasta und den Versuchen, an mehreren überfüllten Busterminals noch zwei Fahrkarten zu ergattern, stellt sich heraus: Sämtliche Busse in den hohen Norden sind ausgebucht – und zwar sowohl in den Luxus- als auch in den „Holz"-Klassen. Wir fahren zum Hotel, in der Hoffnung, dort könnte man über die Rezeption noch etwas organisieren. Doch auch hier Fehlanzeige. Schließlich ruft Maria, die freundliche Rezeptionistin, am Flughafen an. Tatsächlich, Lan Chile hat noch zwei freie Plätze. Die Maschine startet um 21.25 Uhr, es ist bereits halb neun am Abend und eine halbe Stunde Fahrt bis zum Flughafen draußen vor der Stadt. Wir kommen direkt aus der Wüste, und so sehen wir auch aus: Wir und unsere Klamotten sind von Salz, Staub und Schweiß gezeichnet.

Kurt liefert spontan eine filmreife Umkleidevorführung in der Hotel-Lobby, ich mache das gleiche etwas diskreter auf dem Zimmer von Joachim und Roland. Parallel dazu wird die Techniktasche gepackt – es könnten ja kleinere Reparaturen am Auto notwendig werden. Alle Papiere müssen ebenfalls vollständig vorhanden sein. Es ist eine mehr als hektische Abreise, und auch die Fahrt zum Flughafen bleibt nicht immer im Rahmen der zulässigen Höchstgeschwindigkeit. Wir schaffen es gerade noch. Das Bodenpersonal am Flughafen ist vorher von Maria an der Hotelrezeption informiert worden, und so werden wir direkt zur wartenden Maschine auf das Wüsten-Rollfeld geleitet.

Eine halbe Stunde vor Mitternacht kommen Kurt und ich in Arica an. Wir essen noch eine Pizza, trinken ein Schopp, ein gezapftes Bier, dazu und beziehen anschließend ein schmuddeliges 0,2-Sterne-Hotel, das immerhin den Vorteil hat, in unmittelbarer Nähe des Hafens zu liegen.

Kapitel 6: Der große Salzsee

◁ Am Ziel der Akklimatisierungswanderung. Kurt, Dirk, Roland, Matthias und Joachim (von links nach rechts) haben gerade ihren Puls gemessen.

▽ Das moderne Peine hat alles, was eine Ortschaft braucht: Schule, Kirche, Einkaufsmöglichkeiten und eine Busstation. Mit der Außenwelt sind die 429 Einwohner durch moderne Kommunikationstechnik verbunden.

Kapitel 6: Der große Salzsee

△ Peine, ein ziemlich trostloses Nest am Rande des Salzsees.

▷ „Zweites Frühstück" im Grünen. Dirk, Matthias, Roland, Kurt und Joachim stärken sich in Peine vor der Fahrt durch den Salzsee.

Kapitel 6: Der große Salzsee

Kapitel 6: Der große Salzsee

◁ Matthias und Joachim, kilometerweit von Salz umgeben.

▷ Bei der Arbeit: Thomas und Dirk dokumentieren unsere Tour mit Foto und Film.

▽ Auf schnurgerader Straße: Freie Fahrt quer durch den Salzsee.

Kapitel 6: Der große Salzsee

△ Motorcheck nach rasender Fahrt.

◁ Mitten im Salz. Es war nicht in Erfahrung zu bringen, was es mit dem Schild und der Zahl auf sich hat.

▽ Scharfe Salzkrusten bis zum Horizont: Im Salar de Atacama.

DAS REKORDFAHRZEUG

18. Januar

Nach einer nicht unbedingt erholsamen Nacht vereinbaren wir mit unserem Kontaktmann Carlos ein Treffen für 8.30 Uhr, um den Toyota Landcruiser am Hafen abzuholen. Wir wissen zu diesem Zeitpunkt noch nicht, dass Carlos kein wirklicher Kontaktmann, sondern nur ein Übersetzer ist. Wir warten bis 9.30 Uhr vergeblich und bemühen uns schließlich telefonisch bei der für die Abwicklung zuständigen Agentur um eine neue Kontaktperson. Sie wird uns zugesichert. Frida sei gleich bei uns, heißt es am Telefon. Immerhin taucht Carlos jetzt auf – zwei Stunden nach der vereinbarten Zeit. Er entschuldigt sich mit der weiten Entfernung zwischen seinem Wohnort und unserem Treffpunkt. Er ist zu Fuß gekommen, ein Taxi kann er sich nicht leisten.

Carlos schlägt vor, Frida zu suchen. Sie sei sowieso für die Hafenabwicklung zuständig, aber kennen würde er sie auch nicht. Wir finden Frida nicht, kehren stattdessen zum Treffpunkt zurück, wo uns tatsächlich um 11.30 Uhr ein Bote abholt und uns zu Fuß zu Frida bringt. Sie eröffnet uns in ihrem kleinen Büro freundlich, dass der Wagen heute sicherlich nicht mehr, möglicherweise aber morgen abgeholt werden könne, da die Originaldokumente (Containerpapiere, Fahrzeugpapiere, Versicherungsunterlagen) noch nicht vorlägen.

Es gehört zu den ehernen Gesetzen, dass sich Reisende auf die Umstände in fremden Ländern mit einer gewissen Gelassenheit einstellen sollten. Chile ist nicht Deutschland. Und besonders die Amtsgeschäfte verlaufen in einem anderen Tempo als zu Hause. Allerdings haben wir schon in Deutschland eine Menge Geld für die Betreuung hier vor Ort bezahlt und ausdrücklich auf unseren engen Zeitplan in Chile hingewiesen. Außerdem war ich bereits in Santiago, um dort persönlich die wichtigsten Dokumente zu hinterlegen. Und zwar, um genau das zu verhindern, was jetzt passiert. Ich werde daher recht energisch.

Frida versucht, mich zu beruhigen und erfährt in zahlreichen, folgenden Telefonaten, dass die Papiere, um die es geht, von der Spedition wohl versehentlich nach Antofagasta geschickt wurden. Man verspricht, die Dokumente mit dem nächsten Flug nach Arica zu senden, damit ich den Wagen eventuell morgen früh abholen kann. Doch das reicht definitiv nicht.

Und so arbeitet Frida weiter. Sie erreicht schließlich in stundenlanger Arbeit und wahrscheinlich unter Einbeziehung all ihrer Kontakte, dass die Papiere per Fax durch den deutschen Generalkonsul, das Büro der Reederei, die Hafenbehörde in Arica, die Polizei in Arica und den chilenischen Zoll beglaubigt werden. Neun Stunden dauert ihr zähes Ringen, dann dürfen wir den Toyota endlich aus dem Container fahren und mitnehmen. Technisch ist alles in Ordnung. Geschlaucht, aber glücklich machen Kurt und ich uns am Abend auf den Weg. Vor uns liegt nun noch die 1.300 Kilometer lange Nachtetappe auf der Panamericana zurück in den Süden nach Copiapo. Dort im Hotel wartet der Rest des Teams auf uns und das Rekordfahrzeug.

Kapitel 7: Das Rekordfahrzeug

DAS REKORDFAHRZEUG: FAST SERIENMÄSSIG

Für den Höhenweltrekordversuch wird ein Toyota Landcruiser eingesetzt. Der Wagen mit der Modellbezeichnung J9 ist ein fast serienmäßiger Dreitürer mit V6-Benzinmotor. Es wurden keinerlei Veränderungen am gesamten Antriebsstrang durchgeführt (Motor, Getriebe, Zwischengetriebe, Reduktionsgetriebe, Antrieb und Achsen entsprechen dem Serienstandard). Leicht modifiziert wurde nur das Fahrwerk.

Motor:	3.378 cm3 , 131 kW / 178 PS, G-Kat
Getriebe:	5-Gang-Schaltgetriebe mit Geländereduktion
Antrieb:	permanenter Allradantrieb
Leergewicht:	1.755 kg
Höchstgeschwindigkeit:	180 km/h
Bereifung:	Goodyear MTR 305/70 R16 auf Alufelgen 8x16
Sicherheitsausrüstung:	Seilwinde vorne und hinten Warn 9500i/8000
Überrollkäfig nach FIA-Norm	
Spezielle Sicherheitsgurte und Schalensitze	
Luft-Ansaugschnorchel	

Zur Positionsbestimmung und Kommunikation sind zwei voneinander unabhängige GPS-Geräte und ein Iridium-Satellitentelefon eingebaut. Die Navigation und Aufzeichnung aller gefahrenen Tracks erfolgt über ein eingebautes Panasonic Toughbook CF 29. Als Begleit- und Bergefahrzeuge kommen drei serienmäßige Toyota Hilux Pickups (ebenfalls Benziner) mit Warn Multi-Mount-Seilwindensätzen REP 8000 zum Einsatz.

Kapitel 7: Das Rekordfahrzeug

△ Nur auf den ersten Blick romantisch: Antofagasta, gleichzeitig Wüsten- und Küstenstadt am pazifischen Ozean.

◁ Stundenlanges Warten bei den Hafenbehörden in Arica, Geduld ist angesagt. Matthias mit Übersetzer Carlos.

Kapitel 7: Das Rekordfahrzeug

△ Matthias, Carlos und Frieda auf dem Weg zur letzten Hürde, der Hafenpolizei.

▷ Auf dem Containerfeld warten Matthias und die Begleiter eineinhalb Stunden in brütender Hitze.

▽ Endlich! Die beiden Hafenoffiziere kommen, um die Plombe am Container zu entfernen.

Kapitel 7: Das Rekordfahrzeug

△ Es ist tatsächlich der richtige Container. Unversehrt und noch sicher verzurrt, steht der Landcruiser drin.

△ Die ersten Meter nach sechswöchiger Schiffsreise, der Landcruiser ist sofort angesprungen.

Kapitel 7: Das Rekordfahrzeug

△ Bereit zur Rekordfahrt: Der Toyota beim Verlassen des Hafengeländes in Arica.

◁ „Die Hand Gottes": Monument am Rand der Panamericana im Großen Norden.

▽ Ausgebrannt: Lkw-Wrack an der Panamericana, 200 Kilometer von der nächsten Ortschaft entfernt.

IN COPIAPO

19. Januar

Um sieben Uhr morgens kommen Kurt und ich in Copiapo an. Wir haben es tatsächlich geschafft, nach dem hektischen Tag in Arica 1.300 Kilometer zu fahren. Dabei haben wir uns ständig am Steuer abgewechselt, wenn einem von uns die Augen zuzufallen drohten. Das Auto ist prima gelaufen. Schon in der kommenden Nacht wollen wir zum Ojos del Salado aufbrechen, um dort den Höhenweltrekord in Angriff zu nehmen.

Die Eile hat einen Grund: Schon seit einigen Tagen geht in Copiapo das Gerücht um, unsere Konkurrenz sei vor Ort. Rainer Zietlow und sein Team wären dabei, ihren VW Touareg für die Rekordfahrt zu präparieren. Wilfried Studer befindet sich schon seit einigen Tagen in der Stadt und hat versucht, Konkretes in Erfahrung zu bringen. Doch es ist wie verhext: Alles was man hört, sind Gerüchte. Fast scheint es, als würde sich das gegnerische Team vor uns verstecken.

Wir sind gerade dabei, unsere gemieteten Toyota-Pickups für die Fahrt zum Berg zu präparieren – ich hatte im Landcruiser Seilwinden und anderes Material aus Deutschland extra für diesen Zweck mitgeschickt – als einer der Mechaniker in der Werkstatt Konkretes weiß: Der Touareg stehe nur ein paar hundert Meter entfernt in einer kleinen Werkstatt, sagt er. Wilfried und Dirk fahren sofort zu der beschriebenen Stelle und finden den Wagen tatsächlich auf Anhieb. Sie machen ein paar Bilder und kehren zurück.

Wir hatten im Vorfeld mehrmals versucht, mit Rainer Zietlow in Kontakt zu treten, um ihm einen fairen Wettbewerb am Ojos vorzuschlagen. Schließlich sind die Pläne beider Teams sportlicher Natur. Und so müssten sich doch auch sportliche Kriterien festlegen lassen, nach denen sich alle Beteiligten richten können. Doch die Kontaktaufnahme schlug fehl. Dafür kam es im Dezember zu einem unerwarteten Treffen, von dem ich dem Rest des Teams zu Hause per E-mail berichtete:

E-mail von Matthias Jeschke an das Team vom 17. Dezember:

Liebe Freunde,

nochmals zum Thema Zietlow: Wir trafen Ihn zufällig in der Stadt Copiapo. Er sprach uns an einer Autovermietung an, fragte, ob wir auch zum Ojos wollten, und sagte, er wolle dort seinen Wagen testen und stellte uns Fragen zur Vorgehensweise. „Was ist mit Genehmigungen, Fahrzeugen, Höhenkrankheit, Krankenhaus usw.?"
Es schien, als sei er noch niemals hier gewesen. Er war offensichtlich bemüht, Informationen zu bekommen. Wir waren sofort sicher, ihn erkannt zu haben. Vorsichtig antworteten wir und gaben uns als einfache Bergsteiger aus. Anfänglich hat er uns sicher nicht erkannt. Möglicherweise im Verlaufe des Gesprächs. Auf etwas genauere Nachfragen Wilfried Studers an einen Mitfahrer teilte

Kapitel 8: In Copiapo

dieser uns die Herkunftsorte aller drei Männer mit: Mannheim und Nürnberg. Zietlow wurde aufgefordert, die Einfahrt nicht weiter zu blockieren, womit unser Gespräch endete.

Wir fuhren weiter zur Laguna Verde. Hier sahen wir Zietlow am 16.12. aus der Ferne. Er fuhr lediglich zur Polizeistation der Laguna Verde und dann weiter Richtung Ojos del Salado. Zum jetzigen Zeitpunkt ist seine Gruppe mit einem Toyota 4 Runner (neues amerikanisches Modell) und einem Pickup (Toyota oder Mitsubishi) unterwegs. Wir erfuhren von dem zuständigen Polizeibeamten (Whisky schmeckt eben jedem) zumindest zwei der Namen der vermeintlichen Zietlow-Gruppe und dass diese keine Genehmigung zur Besteigung des Ojos haben. Es hieß weiter, das Team wolle lediglich Filmaufnahmen rund um den zweiten Container machen.

Bestätigt wurde uns der Name Rainer Zietlow sowie ein gewisser Ronald Bormann. Der Dritte heißt mit Vornamen Johann Paulus.

Daraufhin versuchte Roland Brühl, mehr über die Teammitglieder von Rainer Zietlow herauszufinden. Wir wollten ja schließlich wissen, mit wem wir es tun haben. Er teilte das Ergebnis seiner Nachforschungen ebenfalls per E-mail mit:

E-mail von Roland Brühl an Matthias Jeschke vom 18. Dezember:

Hallo Matthias,

hab' Dir zu Zietlow & Co einige Infos geschickt. Die Iridium-Vermittlung will mich nicht zu Deinem Apparat durchlassen.
Habe R. Bormann gefunden. Hoffentlich sitzt Du gerade. Wenn es ein hagerer, Nickel-bebrillter Seemannsbartträger ist, dann haben wir es mit dem vielfachen Europameister im Truck-Trial zu tun. Der Junge hat 2002 auf der Dakar-Rallye mit einem falsch abgestimmten Servicetruck den 7. Platz gefahren! Er war viermal Europameister und dreimal Vize. Bis 2000 fuhr er Unimog, dann Kat 4x4 und 8x8. Wenn ich Johann Paulus rufe, antwortet nur die Kirche. Falls er einen holländischen Pass hat, heißt er Bussink und ist auch Trial-Trucker.
Lass' Dir was einfallen.

Viel Glück!
Roland

Am nächsten Tag folgte noch ein Nachtrag mit einem Foto von Ronald Bormann.

E-mail von Roland Brühl an Matthias Jeschke vom 19. Dezember:

Hi Matthias,

beiliegend das beste Bild, das ich von Bormann habe. Habe seine Frau und den Copiloten weggeschnitten. Bin mir sicher, dass es unsere Zielperson ist. Die sind auf der Dakar geheizt, dass es im Führerhaus die Tetra-Packs und die Fischkonservendosen zerlegt hat. Weiß nicht, ob die noch verwertbare Teile von der Ladefläche bergen konnten. Ihr müsst am Berg checken, welche Route er für den Touareg auswählen wird. Halte mich bitte auf dem Laufenden.

Toi toi toi,
Roland

Zwischendrin hatten wir unsere Konkurrenten noch einmal gesichtet: Als wir am 17. Dezember zur weiteren Akklimatisation in einen Hochkessel der südwestlichen Flanke auf rund 5.500 Meter fuhren, war Zietlow mit seinen beiden Fahrzeugen vor uns unterwegs, konnte uns jedoch nicht bemerken. Wir sahen später per Fernglas, wie Zietlow noch vom ersten Container auf 5.300 Meter zum zweiten Container auf 5.800 Meter fuhr. Das heißt, er ging innerhalb von nur 24 Stunden 5.000 Höhenmeter nach oben.

Nachdem wir die Nacht auf 5.500 Meter verbracht und am 17. und 18. Erkundungstouren bis auf 5.900 Meter zu Fuß unternommen hatten, erreichten wir am Nachmittag des 18. mit unserem Wagen zunächst den unteren, später ebenfalls den oberen Container. Wir fuhren weiter hinauf, um unseren „alten" Wendepunkt von der ersten Erkundung im März auf 5.915 Meter zu erreichen. Aber schon nach wenigen Metern blockierte der 4Runner von Zietlow die Spur. Abgestellt direkt vor einem Büßer-Eisfeld, das eigentlich zu überwinden gewesen wäre. Das Fahrzeug war verschlossen, jede Menge Ausrüstung und ein Laptop lagen im Wagen. Das zweite Fahrzeug war verschwunden.

Wir waren sicher, dass Zietlow und Kollegen abgefahren waren, da wir beim Auffahren deutliche Reifenspuren entdeckt hatten. Da die Passagen recht steil sind, hinterlässt ein auffahrendes Fahrzeug wegen durchdrehender Reifen keine Profilspuren – im Gegensatz zu abfahrenden Fahrzeugen. Auch aus der Eisbildung hinter den Hinterreifen des abgestellten Wagens ergab sich die Vermutung, dass das Fahrzeug nicht vor ganz kurzer Zeit dort abgestellt worden war. Nach einer Analyse der Situation entschlossen wir uns, zunächst nach Copiapo zurückzufahren. Wilfried Studer riet uns dazu, um unsere körperliche Verfassung nach fünf Tagen in großer Höhe zu verbessern, denn Kopfschmerzen, Schwindel, Kälte und feinster Sandstaub setzten uns ordentlich zu. Auf dem Rückweg fragten wir bei beiden Polizeistationen nach der Zietlow-Gruppe. Doch niemand hatte sie gesehen.

Alles hatte den Anschein eines zu schnellen Aufstiegs und einer überhasteten Abfahrt. In Copiapo trafen wir am Abend noch eine Gruppe chilenischer Bergsteiger. Sie berichteten uns von

Kapitel 8: In Copiapo

ihrem Aufstieg zum Gipfel am Tag zuvor und dass der 4Runner bei ihrem Abstieg um 16.30 Uhr immer noch dort oben stand.

Das war vor einem Monat. Jetzt ist klar: Rainer Zietlow ist wieder ganz in der Nähe, und sein Rekordversuch muss unmittelbar bevorstehen. Es ist davon auszugehen, dass er ganz genau weiß, wie weit wir mit unseren Vorbereitungen sind. Wir entschließen uns, in dieser Phase keinen Kontakt mehr zur Konkurrenz zu suchen, sondern bereits in der kommenden Nacht zum Ojos zu fahren. Nur wer zuerst kommt, wird gewinnen, so ist unsere Überlegung. Und wir wollen auf jeden Fall die Ersten sein.

Natürlich ist diese Entscheidung mit jeder Menge Arbeit verbunden. Die drei gemieteten Pickups müssen präpariert werden, der Landcruiser ist gut in Schuss, muss aber noch einmal überprüft werden. Und dann steht natürlich Einkaufen auf dem Programm. Wir werden in der Höhe zwar nicht viel Hunger haben, aber wir müssen uns mit ausreichenden Vorräten eindecken.

Es ist kaum abzuschätzen, wie lange wir uns am Berg aufhalten werden und wie schnell wir eine Höhe jenseits der magischen 6.000 Meter erreichen können. Und es ist unklar, wie sich die Wetterlage am Ojos jetzt gestaltet. Noch vor ein paar Tagen hatte der „Bolivianische Winter" für jede Menge Neuschnee gesorgt. Die Großwetterlage hat sich Gott sei dank inzwischen wieder normalisiert, doch ob unsere im Dezember ausgespähte Rekordroute überhaupt befahrbar ist, werden wir erst am Berg feststellen.

Ich beschäftige mich an diesem Abend auch noch einmal mit der Elektronik und Kommunikationstechnik. Das Toughbook hat alle Tests bisher bestanden. In Verbindung mit dem Satellitentelefon werden wir auch oben am Berg eine Verbindung nach Hause aufbauen können. Ich habe russisches Kartenmaterial auf den Laptop geladen. Mit Hilfe des Global Positioning Systems GPS werden wir immer genau wissen, wo wir uns befinden. Auch der Höhenrekord soll unter anderem mit dieser Navigationstechnik belegt werden. Die Vorbereitungsarbeiten beschäftigen das gesamte Team den ganzen Nachmittag und Abend über. Die anderen verkrümeln sich noch vor Mitternacht in ihre Hotelbetten. Ich werde wahrscheinlich nicht zum Schlafen kommen. Haben wir an alles gedacht? Die Wecker sind auf zwei Uhr gestellt.

Kapitel 8: In Copiapo

△ Die Werkstatt unter freiem Himmel bietet in Copiapo beste Bedingungen für die Präparierung unserer Fahrzeuge.

▷ Roland und Wilfried bei der Montage eines Seilwindenträgers.

Kapitel 8: In Copiapo

△ Auch hilfsbereite chilenische Mechaniker sind beim Seilwinden-Anbau dabei.

△ Einrichtung der Elektroteile für die Multimount-Technik.

△ Jedes unserer Mietfahrzeuge wird mit starken Elektro-Seilwinden ausgestattet.

Kapitel 8: In Copiapo

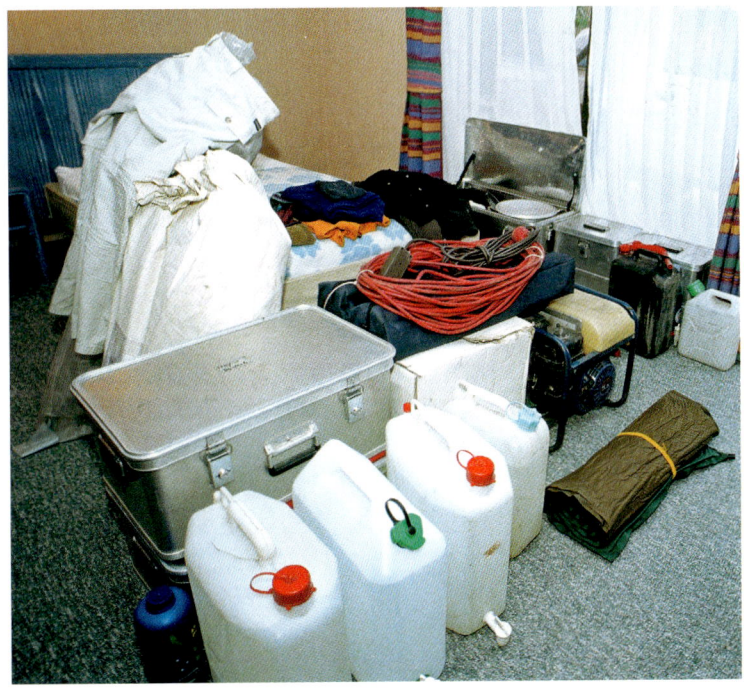

△ Wir nehmen zwei Reserveräder pro Fahrzeug mit. Roland bei der Fixierung.

▷ Kaum Platz zum Schlafen. Ein Teil des Expeditions-Equipments im Hotelzimmer.

Kapitel 8: In Copiapó

Kapitel 8: In Copiapo

Zweckentfremdet: Die Restaurantterrasse des Hotels Las Pircas wird für einige Stunden zur Autowerkstatt. Hier werden die Fahrzeuge mit Aufklebern versehen.

Kapitel 8: In Copiapo

△ Lagebesprechung im Hotel. Joachim, Roland, Matthias, Wilfried und Dirk entscheiden, bereits am nächsten Morgen zum Ojos aufzubrechen.

△ Das Wichtigste für die Fahrt in die Wüste: Großzügige Benzinvorräte.

△ Startbereit: Das fertig vorbereitete Rekordfahrzeug in der Abenddämmerung.

DER REKORD

20. Januar

Um drei Uhr in der Nacht brechen wir auf. Obwohl ich nicht geschlafen habe, empfinde ich keine Müdigkeit. Endlich ist es soweit. Nach anderthalb Jahren Vorbereitung, nach einer Besichtigungstour im März vergangenen Jahres und einer Routenrecherche vor vier Wochen, nach den Akklimatisationsstrapazen und dem bürokratischen Hickhack wird es jetzt wirklich konkret. Wir fühlen uns gut vorbereitet, das Team harmoniert. Jeder kommt seinen Aufgaben gewissenhaft nach.

Natürlich gibt es Unwägbarkeiten, die auch bei perfekter Vorbereitung das Projekt scheitern lassen können. Zum Beispiel die Wetterlage. Wir wissen in dieser Nacht nicht, ob uns am Berg so viel Schnee erwartet, dass ein Klettern mit dem Geländewagen unmöglich wird. Doch immerhin, die Großwetterlage stimmt. Und glaubt man den Berichten erfahrener Andinisten, so taut der Schnee während des Sommers auch in großen Höhen erstaunlich schnell wieder ab. Wir haben unsere Planungen so ausgelegt, dass wir vier Tage am Berg problemlos überstehen können. Nahrungsmittel, Wasservorräte und ausreichende Spritreserven haben wir dabei. Jedes der vier Fahrzeuge ist mit starken, elektrischen Seilwinden ausgestattet. Wir sind zwar nur zu siebt, haben uns aber dennoch entschlossen, vier Autos mitzunehmen. Sollte es einem von uns am Berg tatsächlich schlecht gehen, kann er sofort mit einem Fahrzeug wieder in tiefere Regionen gebracht werden. Dahin, wo es mehr Sauerstoff gibt und sich der Körper wieder erholen kann.

Die Straße zum Ojos del Salado kenne ich nun ja bereits. Ich sitze allein in meinem Landcruiser, und fahre voraus, die Scheinwerfer der drei anderen Teamfahrzeuge immer im Rückspiegel. Am Armaturenbrett vor dem Beifahrersitz ist das Toughbook montiert. Bizarr und in vielen Grüntönen zeichnet sich auf dem Monitor das Relief der Wüste um mich herum ab. Mit bloßem Auge ist draußen fast nur tiefes Schwarz zu sehen, doch auf dem Bildschirm sind die Konturen der Landschaft deutlich zu erkennen. Verständlicherweise hat kaum einer zu dieser frühen Stunde viel Sinn für den fantastischen Sternenhimmel über der Wüste. Die Atacama ist bekannt für ihre extrem klare Luft. Nicht zuletzt deshalb wurden an mehreren Orten astronomische Teleskope errichtet.

Wir erreichen den Fuß des Ojos del Salado nach fünf Stunden Fahrt gegen acht Uhr am Morgen. Mittlerweile ist es hell geworden, und der Gigant ragt in eindrucksvoller Mächtigkeit vor uns auf. Von den befürchteten riesigen Schneemassen ist aus der Entfernung nicht allzu viel zu sehen, allerdings gibt es deutlich mehr weiße Felder als bei unserem letzten Besuch – auch im Bereich der Route, die wir uns für den Rekord ausgesucht haben.

Zwischenzeitlich interessieren sich auch in Deutschland zahlreiche Menschen für das Rennen um den Höhenrekord, unter anderem auch die Abteilung Presse- und Öffentlichkeitsarbeit von Toyota Deutschland. Teilweise weitergeleitete Nachrichten erreichen uns noch am Berg.

HÖHENKRANKHEIT: DIE STÄNDIGE GEFAHR

Schwindel, Kopfschmerzen, schweres Atmen, Übelkeit und Schwäche sind typische Symptome der Höhenkrankheit, die unterschiedlich deutlich auftreten können. Wer die Anzeichen falsch interpretiert und trotz einer Verschlimmerung der Symptome in zu großer Höhe bleibt, der riskiert sein Leben. Ein nicht behandeltes Lungenödem kann innerhalb kurzer Zeit zum Tode führen.

Die Höhenkrankheit ist die Folge der Unterversorgung des Gehirns und Körpers mit Sauerstoff und die dadurch ausgelösten Kompensationsmechanismen (Reaktionen des Organismus, die die Sauerstoffversorgung verbessern sollen). Die Höhenkrankheit kann bereits in Höhenlagen ab 2.500 Metern auftreten. Mit steigender Höhe sinkt der Luftdruck und der absolute (nicht relative) Sauerstoffgehalt pro Kubikmeter Luft. Auf 5.000 Metern Höhe ist der Sauerstoffpartialdruck nur noch halb so hoch wie auf Meereshöhe.

0-3.000 m: Im Allgemeinen nur geringe Probleme ab 2.500 m.
3.000-5.000 m: Höhenprobleme treten auf, aber vollständige Akklimatisation bis ca. 5.300 m möglich.
5.000-7.500 m: Nur unvollständige Akklimatisation möglich.
über 7.500 m: die Todeszone. Akuter Kräfteverfall, nur kurzer Aufenthalt möglich.

Auslösende Faktoren für die Höhenkrankheit sind:

- zu rascher Aufstieg
- Überanstrengung
- Alkoholkonsum
- Flüssigkeits- und Mineralmangel durch vermehrte Ausscheidung
- Infekte
- Schlafmittel

Kapitel 9: Der Rekord

Symptome und Maßnahmen

I. FRÜHZEICHEN:

- Kopfschmerz
- Übelkeit
- Appetitlosigkeit
- Leistungsabfall
- Wasseransammlungen unter der Haut (Ödeme)
- Ruhepuls um mehr als 20 Prozent beschleunigt

Maßnahmen:

- Aufstieg abbrechen
- Nachtruhe abwarten

Bei Verschwinden der Symptome am nächsten Morgen kann der Aufstieg langsam fortgesetzt werden

II. WARNZEICHEN:

- Konstante, schwere Kopfschmerzen
- Schwere Übelkeit, Erbrechen
- Rapider Leistungsabfall
- Atemnot in Ruhe
- Herzjagen
- Schlaflosigkeit
- Trockener Husten
- Schwindel, Gangunsicherheit
- Benommenheit
- Ausscheidung von dunklem Harn
- Reduzierte Harnmenge

Maßnahmen:

- Sofortiger Abstieg. Das Warten auf gleicher Höhe ist gefährlich (auch zum Zweck der Übernachtung). Wenn möglich, ist auch der nächtliche Abstieg vorzuziehen.

III. ALARMZEICHEN
(akute Lebensgefahr!):

- Verwirrtheit
- Schwere Atmung in Ruhe
- Permanenter Husten
- Rasselnde Atmung
- Bläuliche Verfärbung der Lippen
- Fehlende Harnproduktion

Maßnahmen:

Sofortiger Abstieg oder Abtransport, zumindest um einige hundert Höhenmeter. Ergänzend oder überbrückend (falls Abtransport witterungsbedingt unmöglich) Maßnahmen zur Stabilisierung des Zustands und Sauerstoffbeatmung.

(Quelle: Zentrum für Reisemedizin, Bonn)

Kapitel 9: Der Rekord

E-mail von Toyota Deutschland an Cine Relation vom 19. Januar:

Sehr geehrte Frau Recino,

mit großem Interesse haben wir über den geplanten Höhenweltrekordversuch in Chile gelesen, den Herr Jeschke und Herr Beyer unternehmen werden bzw. gerade vorbereiten. Insbesondere die Tatsache, dass die beiden Abenteurer zu der Fahrt in einem Toyota Landcruiser starten, macht die Geschichte für uns natürlich sehr interessant.
Sehr gerne würden wir auf unserer Presse-Website darüber berichten sowie ggf. eine Pressemitteilung dazu verschicken. Dazu wäre es toll, wenn Sie uns aktuelle Informationen und – wenn demnächst vorhanden – Fotos zur Verfügung stellen könnten. Können Sie mir Informationen zum momentanen Stand der Expedition schicken? Ist schon ein Datum oder Zeitraum bekannt, an dem der Rekord aufgestellt werden könnte?

Ich freue mich darauf, von Ihnen zu hören und drücke bis dahin natürlich feste die Daumen!!!

Einen schönen Gruß aus Köln-Marsdorf,
Jutta Rating,
Toyota Deutschland GmbH

E-mail von Cine Relation an Toyota Deutschland vom gleichen Tag:

Sehr geehrte Frau Rating,

eine entsprechende Unterstützung Ihrer Abteilung wäre natürlich toll! Unsere Frau Krüger wird Ihnen sofort alle gewünschten Infos zukommen lassen, die wir zur Zeit zur Verfügung haben!

Zum Zwischenstand: Das Rennen geht gerade in eine superheiße Phase, unser Team hat sich in der Nacht auf den Weg zum Berg gemacht! Es kann sein, dass sich jetzt alles in den nächsten Stunden entscheidet, je nachdem welche Bedingungen auf dem Weg zum Gipfel herrschen.... es kann jedoch auch noch dauern... alles ist offen!
Mehr in Kürze.

Beste Grüße
A. Recino

An der unteren Containerhütte, dem Refugio Atacama auf etwa 5.300 Metern, wollen wir eines der Versorgungsfahrzeuge stehen lassen. Der Plan sieht vor, so weit es geht gemeinsam bis zur oberen Hütte, dem Refugio Tejos auf 5.800 Metern zu fahren, um von dort aus den Rekord in Angriff zu nehmen. Doch bei der Rast an der unteren Hütte fällt schnell auf, dass es Joachim nicht gut geht. Er hatte zuletzt bei den „Testwanderungen" in der Nähe von San Pedro keine Probleme, jetzt aber klagt er über Kopfschmerzen und starken Schwindel. Außerdem muss er sich erbrechen. Alles Symptome, die für eine beginnende Höhenkrankheit sprechen. Gemeinsam entscheiden wir, Joachim auf der Hütte zu lassen. Hier ist er nicht allein. Bergsteiger aus verschiedenen Nationen haben rund um den Container ihre Zelte aufgeschlagen, außerdem sind einheimische Ranger hier oben, die im Ernstfall sofort helfen können.

Auch Kurt geht es nicht gut. Ausgerechnet unser „Bergfex" klagt über Fieber und Schüttelfrost. Das hat vermutlich nichts mit der Höhenkrankheit zu tun, sondern ist auf einen Infekt zurückzuführen. So lassen wir auch Kurt sicherheitshalber zurück. Wilfried, Roland, Thomas, Dirk und ich machen uns auf den weiteren Weg nach oben. Zunächst versuchen wir noch, den Pickup von Roland mitfahren zu lassen. Doch schon an einer der ersten wirklich schwierigen Stellen ist für den Hilux das Ende erreicht. Ein tiefer Graben ist mit Sand und einzelnen Steinen gefüllt. Während der Landcruiser mit viel Mühe und Differentialsperre gerade noch durchkommt, bleibt der Pickup stecken.

Doch Roland will nicht aufgeben. Um nicht zu viel Zeit zu verlieren, vereinbaren wir, dass Roland allein versuchen wird, die kritische Stelle zu überwinden. Wir anderen fahren weiter. Langsam bahnen wir uns den Weg über Felsbrüche, Wasserläufe, Sand- und Geröllhänge. An der östlichen Flanke entlang schaffen wir 5.930 Meter. Und schon das ist äußerst schwierig, weil nur Wilfried und ich ernsthaft am Fahrzeug arbeiten können. Thomas und Dirk sind mit Foto- und Filmaufnahmen beschäftigt.

Wir versuchen, von dem kleinen Hangrücken aus, auf dem wir gerade stehen, einen zuvor ausgekundschafteten schrägen Sandhang zu überfahren. Keine Chance, denn Unmengen von Wasser des abtauenden Schnees, den der „Bolivianische Winter" über den Ojos gebracht hat, haben Rinnen und Auswaschungen entstehen lassen, die teilweise über einen Meter tief sind und deren Ränder bei Belastung unter den Rädern des Landcruiser sofort abbrechen. Schade. Wir hatten diese Querung ausgesucht, um anschließend in eine steilere Rinne einzufahren, die an einem Gletscherfeld auf 6.000 Metern endet. Dieses Feld wäre, so der Plan, überwindbar gewesen und hätte so den Einstieg in größere Höhen ermöglicht.

Daraus wird also nichts. Am Ende dieser Sackgasse sehen wir uns gezwungen, unsere im Dezember geplante Routenführung komplett zu ändern. Ich setze den Landcruiser vorsichtig zurück und fahre ein Stückchen ostwärts. Wilfried hat die Stelle gerade zu Fuß erkundet. Er weist mich ein. Das Terrain ist extrem schwierig. Überall liegen Felsbrocken herum, scharfe Kanten scheinen förmlich darauf zu lauern, einen Reifen aufzuschlitzen. Wo es nicht mehr weiter geht, setzen wir die Winde ein, um einzelne Felsbrocken aus dem Weg zu ziehen. In dieser Höhe eine mörderische Schwerstarbeit. Nach stundenlangen Versuchen erreichen wir schließlich eine Höhe von 5.970 Metern.

Das reicht nicht. Also, die gleiche Übung von vorn. Wieder haben wir zuvor zu Fuß und mit dem Fernglas eine mögliche Stelle erkundet. Wieder räumen wir einige Steine mit Hilfe der Winde aus dem Weg. Wieder wird der Untergrund zu weich und der Winkel zu steil, um weiter nach oben zu kommen. Bei 5.955 Metern ist Schluss. Die ermüdende Prozedur wiederholt sich noch einige Male.

Kapitel 9: Der Rekord

Mittlerweile ist auch der tapfere Roland zu uns gestoßen. Irgendwie hat er den Hilux über die kritische Stelle bewegt und ist dann zu Fuß zu uns aufgestiegen. Roland und die anderen sind am Ende ihrer Kräfte, doch jeder packt so gut es geht mit an, um den Rekord vielleicht doch heute noch zu schaffen. Wir sind, das ist zu spüren, ganz nah dran, als erste auf eine Höhe von über 6.000 Metern zu fahren. Dennoch frustrieren die vielen vergeblichen Versuche alle Beteiligten zusehends. Dass das Nervenkostüm nicht mehr das allerbeste ist, merkt man auch an kleinen Meinungsverschiedenheiten. So diskutiere ich mehrmals mit Wilfried über die richtige Route.

Es ist bereits später Nachmittag, als wir es an einer steilen Schneerinne versuchen. Die Stelle sieht furchterregend aus, direkt rechts von ihr geht es 250 Meter steil bergab. Doch nach Absprache mit Wilfried entscheide ich mich, es zu versuchen. Ich muss mit Vollgas in die Rinne fahren, um so hoch wie möglich zu kommen. Nach kurzem Durchatmen drehe ich den Motor auf 5.000 Touren hoch und lasse die Kupplung schlagartig los. Der Wagen schießt von der relativ ebenen Anlauffläche in die Schneerinne und erklimmt mit viel Schwung eine Höhe von 6.010 Metern. So zeigt es das GPS auf dem Monitor.

Ich habe allerdings nicht viel Zeit, mich über diesen Erfolg zu freuen, denn kaum zum Stehen gekommen, dreht sich der Landcruiser durch sein Gewicht und die fehlende Bodenhaftung in Fallrichtung. Es sind gerade mal fünf Meter bis zum Abgrund. Der Wagen muss unbedingt sofort gesichert werden. Die Stelle, an der wir jetzt stehen, ist so steil, dass ich beim Aussteigen ins Straucheln komme und mich gerade noch halten kann. Roland steigt sofort ein und versucht, den Toyota mit Fußbremse, Handbremse und eingelegtem Gang in Position zu halten. Währenddessen arbeiten Wilfried und ich daran, das Fahrzeug mit einer Konstruktion aus Berge-Anker, Steinen und Seilwinde zu sichern.

Als der Landcruiser endlich halbwegs sicher steht, speichern wir erstmal unsere Position mit Hilfe von zwei unabhängigen GPS-Geräten. Fotos und bewegte Bilder werden zur Beweisaufnahme gemacht. Das GPS zeigt folgende Position an: S 27°06`9.2";O 68°33`27.2". Wir befinden uns auf 6.010 Metern über Normal Null. Ich schreie die Zahl aus lauter Freude laut in die unendliche Weite der Vulkanwüste. Wir haben den Weltrekord geschafft! Doch viel Zeit, uns zu freuen, bleibt nicht: Das Auto befindet sich nach wie vor in einer äußerst gefährlichen Lage, und wir müssen es – und uns – auch heil wieder nach unten bringen.

Es ist schwierig und gefährlich, den Landcruiser wieder in die Anfahrtsspur zurück zu manövrieren. Beim ersten Versuch, den schweren Wagen ein kleines Stück bergauf zu ziehen, gräbt sich der Erd-Anker zunächst tief in den losen Sand- und Geröllhang ein, um sich Sekunden später explosionsartig vom Erdreich zu lösen und in hohem Bogen gegen einen Felsbrocken zu krachen, der oberhalb des Fahrzeugs liegt. Auch weitere Versuche bleiben erfolglos. Um ein Abrutschen zu verhindern, beschränken wir uns zunächst wieder auf die reine Sicherung des Autos mit Anker und Stein. Doch so kann es nicht bleiben. Es ist bereits nach sechs Uhr abends.

Noch einmal versuchen wir es. Roland am Steuer, Wilfried überwacht Anker- und Felssicherung, und ich bediene die Winde. So vorsichtig wie möglich versuchen wir, den Wagen in eine Querposition zum Hang zu bringen. Das ist angesichts des nahen Abgrunds ein spektakuläres Unterfangen. Immer kurz vor der Kippgrenze und nur mit Seilwindensicherung schaffen wir es nach rund einer Stunde Schwerstarbeit wieder auf sicheres Terrain.

Niemand verspürt zu diesem Zeitpunkt Lust darauf, irgendwo hier oben das Lager aufzubauen und die Nacht zu verbringen, zumal es allen Teammitgliedern nach einem ganzen Tag in dieser Höhe ziemlich dreckig geht. Wir entscheiden uns dafür, die lange Fahrt zurück nach Copiapo auf uns zu nehmen, und im Hotelbett morgen früh einmal richtig auszuschlafen. Noch auf dem Rückweg hören wir von Rangern, dass das VW-Team wieder umgekehrt ist, nachdem es uns am Berg entdeckt hat. Es ist zwei Uhr morgens, als ein völlig erschöpftes Rekordteam wieder im Hotel eintrifft – nach genau 24 Stunden Plackerei reicht die verbliebene Kraft gerade noch, mit einem nächtlichen Bierchen auf den Erfolg anzustoßen.

Kapitel 9: Der Rekord

Kapitel 9: Der Rekord

Das untere Basislager am Ojos del Salado, das Refugio Atacama auf etwa 5.300 Meter.

Kapitel 9: Der Rekord

△ Kurze Pause: Der Konvoi nach Sonnenaufgang auf dem Weg zum Ojos del Salado.

◁ Den Ojos im Blick. Nur noch etwa eine Stunde bis zum Fuß des Vulkans.

▽ Das fest installierte Toughbook im Landcruiser zeigt ständig die genaue Position anhand von Satellitenbildern an.

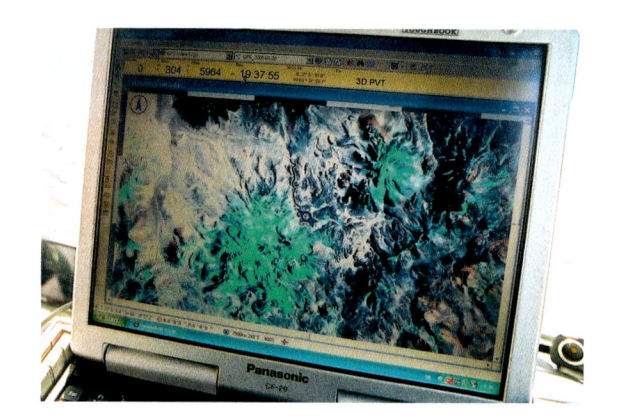

Kapitel 9: Der Rekord

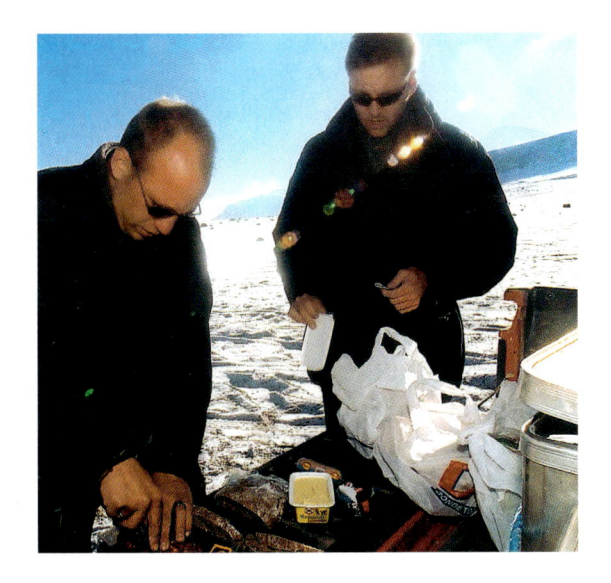

△ Frühstück auf der Ladefläche.

▷ Ein Ranger bei der Einschätzung der Wetterlage am Refugio Atacama.

▽ Unsere Fahrzeuge auf dem Plateau vor der Schutzhütte Atacama.

97

△ Eine Schlüsselstelle: Das Sandfeld auf 5.450 Meter.

◁ Immer wieder wird Luft abgelassen, um die Reifenaufstandsfläche zu vergrößern.

▽ Wassergraben auf etwa 5.900 Meter. Nur der Landcruiser kommt weiter.

Kapitel 9: Der Rekord

Mit dem Toyota
Landcruiser auf
etwa 5.800 Meter.

Kapitel 9: Der Rekord

△ Echte Herausforderung: Am ersten Felsbruch.

△ Handarbeit: Steineräumen am Felsbruch.

△ Matthias im Cockpit seines Fahrzeugs.

Kapitel 9: Der Rekord

△ Leitern helfen dabei, eine senkrechte Felsstufe zu überwinden.

▷ Extremlage an einem Felsbruch.

▽ Ein erstes Büßereisfeld auf etwa 5.800 Meter.

Kapitel 9: Der Rekord

△ Büßereis. Im Hintergrund der Gipfel des Ojos.

▷ Wilfried bedient die Elektroseilwinde.

▽ Sicherungsarbeit auf 6.000 Meter Höhe.

Kapitel 9: Der Rekord

△ Am höchsten Punkt: Wilfried mit Bergegurten.

◁ Geschafft: 6.033 Meter über dem Meeresspiegel.

Kapitel 9: Der Rekord

Der Rekord ist erreicht: Der Landcruiser „parkt" auf 6.033 Meter.

VERWIRRENDE NACHRICHTEN

21. Januar

Aus dem Plan auszuschlafen wird nichts. Bereits um acht Uhr klingelt zum ersten Mal das Telefon. Angela Recino, die Geschäftsführerin von Cine Relation in Bergisch Gladbach, die wir gestern schon vom Berg aus kurz über den geglückten Rekordversuch informiert hatten, will mehr wissen. Sie hat auch allen Grund dazu, schließlich laufen bei ihr die Fäden für die Berichterstattung in Deutschland und der ganzen Welt zusammen. Und das Echo auf die noch in der Nacht per Satellitentelefon nach Deutschland abgesetzte Eilmeldung ist groß.

Während des ganzen Tages klingelt das Telefon fast ununterbrochen. Mal rufen Hörfunksender wegen eines Interviews an, mal Zeitungsredakteure, die Informationen aus erster Hand erwarten. Außerdem erreichen uns ständig E-mails. Zum größten Teil enthalten sie Gratulationen, teilweise aber auch Informationen, die uns keine Freude bereiten.

E-mail von Stefan S. an Matthias Jeschke vom 20. Januar

Bergsteigen mit Auto auf über 6.000 m ist so neu nicht: Bis vor ca. 10 Jahren wurde auf dem Cerro Aucanquilcha, 6.176 m (Chile, Region II, in der Nähe der Grenzstadt Ollagüe) eine Schwefelmine betrieben. Der Schwefel wurde mit der höchsten Seilbahn der Welt abtransportiert, die Minenarbeiter hinauf mit einem Pritschenwagen auf der höchsten Piste auf knapp über 6.000 m. Da die Straße auf der anderen Seite des Vulkans zu einer zweiten Mine einen Berg weiter führt, ist sie zugleich die höchste Passstraße der Welt. Nach Aufgabe der Mine kontrollierte niemand mehr den Zugang, und somit konnten Gelegenheitsbergsteiger sich auf der Straße bis fast zum Gipfel schummeln. Ein Erdrutsch im Winter 2000/2001 in etwa 5.500 m Höhe blockierte die Straße für die motorisierten Kletterkünstler über ein paar Serpentinenschleifen hinweg; für Mountainbiker ist sie aber nach wie vor kein Problem, genug Puste vorausgesetzt.

Viele Grüße
Stefan S.

E-mail von Kristian M. an Matthias Jeschke vom 21. Januar

Also mein lieber Herr Jeschke, alles was Sie schreiben, ist nicht wahr. Was ihr machen wollt, haben wir schon vor Jahren gemacht:

Kapitel 10: Verwirrende Nachrichten

Im Januar 1995 ist ein Chilene am 2. Container vorbeigefahren und bis 5.850 m gekommen. Im Januar 1996 sind Martin und Kristian M. auch am 2. Container vorbeigefahren. Am selben Tag sind wir links von Container gefahren und weiter höher gekommen.

Januar 1997: Wieder Martin und Kristian, aber dieses Mal haben wir eine andere Route genommen und sind bis 6.250 m gekommen.

1999 oder 2000 ist Ramon Franquez, ein Spanier, mit 12 Mann bis 6.005 m hoch gekommen. Im Januar 2001 haben wieder Martin und Kristian + Daniel A. nochmals die selbe Route genommen, aber mit einen anderen Wagen, und sind nur bis 6.150 m gekommen.

Eine Frage bitte: kennen Sie den Herrn Rainer Zietlow, ein Deutscher? Er
war jetzt vor kurzem hier auf dem Ojos del Salado.

Mfg.
Kristian M.

(Ein Deutsch-Chilene, der in Chile geboren ist)

E-mail von colo@4x4cafe.an Matthias Jeschke vom 21. Januar

Hello Matthias.

I hope that you have luck in the „Ojos del Salado". We are here in Argentina. Several years ago we tried ascents in the mountain range and we obtained 6.142 mts. In November & December 2004, we returned to the zone and we could do 5.740 mts only.

Regards
el Colo

E-mail von Pedro G. an Matthias Jeschke vom 21. Januar

Dear Matthias,

You are trying a nice attempt. But too late. We have been several times above 6.000 meters in Argentina. The first time was in 2002 on march 1st. After this first record, there where at least two more that passed 6.120 m. Any way, if you want to try, do it. As you say, life is short for not doing an attempt.

Viele grusse
Pedro

Es ist schon merkwürdig. Da hatten wir im Vorfeld der Reise in der ganzen Welt recherchiert und versucht, herauszufinden, wer mit einem seriennahen Fahrzeug ganz nach oben gefahren war. Und dann melden sich am Tag nach der Veröffentlichung eines von uns aufgestellten Weltrekords für das Guinness Book of World Records plötzlich einige Kollegen, die es angeblich besser wissen. Hier seien schon mal Menschen auf 6.100 Meter gefahren, dort sogar 6.250 Meter geschafft worden, und anderswo würden nahezu täglich auf 6.000 Metern irgendwelche Fahrzeuge bewegt.

Wir ärgern uns darüber, obwohl wir – und das ist das Entscheidende – offensichtlich als einzige einen überprüfbaren Rekord vorzuweisen haben. Und beim Guinness-Verlag müssen anerkannte Rekorde in jeder Beziehung hieb- und stichfest sein.

E-mail an Kristian M. vom 21. Januar:

Hallo Kristian,

herzlichen Glückwunsch für eure Leistungen. Ich weiß, wie schwer die Arbeit in diesen Höhen fällt. Leider waren uns diese Angaben bisher nicht bekannt. Bei etlichen Nachfragen über Guinness World Records gab und gibt es keinerlei Eintragung über einen Fahrzeug-Höhenweltrekord für Pkw. Anscheinend konnte keiner bisher die Guinness-Standards für die offizielle Anerkennung erreichen oder einhalten. Gib mir doch bitte mal deine Telefonnummer. Gerne nehme ich mit dir Kontakt auf. Wir sind noch in Copiapo.

Mit besten Grüßen,
Matthias

Weil in einer E-mail von einer möglichen Rekordtrasse im Südwesten des Ojos del Salado die Rede ist und weil wir nicht wissen, ob unser Konkurrent Rainer Zietlow mit dem Touareg schon wieder am Berg unterwegs ist, um uns ein Schnippchen zu schlagen, beschließen wir, am nächsten Tag noch einmal zum Vulkan zu fahren. Wir wollen den Dingen vor Ort auf den Grund gehen.

22. Januar

Wieder stehen wir um zwei Uhr morgens auf und bringen die Nachtfahrt durch die Wüste hinter uns. Wir sind fest entschlossen, noch weiter hinauf zu fahren und den eigenen, noch jungen Rekord zu brechen, wenn wir auch nur ansatzweise eine Route finden, die Erfolg verspricht. Doch nachdem wir den ganzen Tag mit der Südostumfahrung des Vulkans verbracht haben und einzelne Stellen zu Fuß untersucht haben, steht für uns fest: Bei diesen Witterungsverhältnissen kurz nach dem Wintereinbruch ist eine Rekordfahrt im Osten nicht möglich. Und auf der östlichen Seite haben wir ja zwei Tage zuvor alles Menschenmögliche versucht.

Kapitel 10: Verwirrende Nachrichten

Die Höhe macht vielen im Team am Ende des Tages wieder zu schaffen, und so fahren wir am frühen Abend erneut zurück ins Bergbaustädtchen Copiapo. Der frustrierende Tag endet wenigstens mit einem guten Abendessen in einem gemütlichen Lokal. Wir haben eigentlich alles für unseren Rekord und dessen Absicherung getan. Von Rainer Zietlow und seinem Team haben wir keine Spur mehr gefunden. Vielleicht hat er aufgegeben? Vielleicht wartet er aber auch irgendwo versteckt auf unsere Abreise, um dann freie Bahn zu haben? Trotz der Freude über unsere Leistung treten wir die Heimreise zurück nach Europa mit gemischten Gefühlen an.

Kapitel 10: Verwirrende Nachrichten

▽ Rast während der Südostumfahrung des Ojos del Salado.

Kapitel 10: Verwirrende Nachrichten

△ Schlechte Straßen gewöhnt: Der Hilux auf der Sandpiste in großer Höhe.

◁ Überlebenswichtig: 3 bis 5 Liter Wasser pro Tag werden in diesen Höhen von Medizinern empfohlen.

▽ Schwieriges Terrain auf etwa 5.950 Meter.

Kapitel 10: Verwirrende Nachrichten

△ Lagebesprechung: Wilfried und Matthias diskutieren über eine mögliche Route.

▷ Staubige Angelegenheit: Zwischendurch kommt immer wieder Wind auf.

▽ Im Angesicht des Gipfels: Steigversuche auf etwa 5.950 Meter.

111

Kapitel 10: Verwirrende Nachrichten

Kapitel 10: Verwirrende Nachrichten

Gewaltiges Bergpanorama,
Blick Richtung Südosten.

113

Kapitel 10: Verwirrende Nachrichten

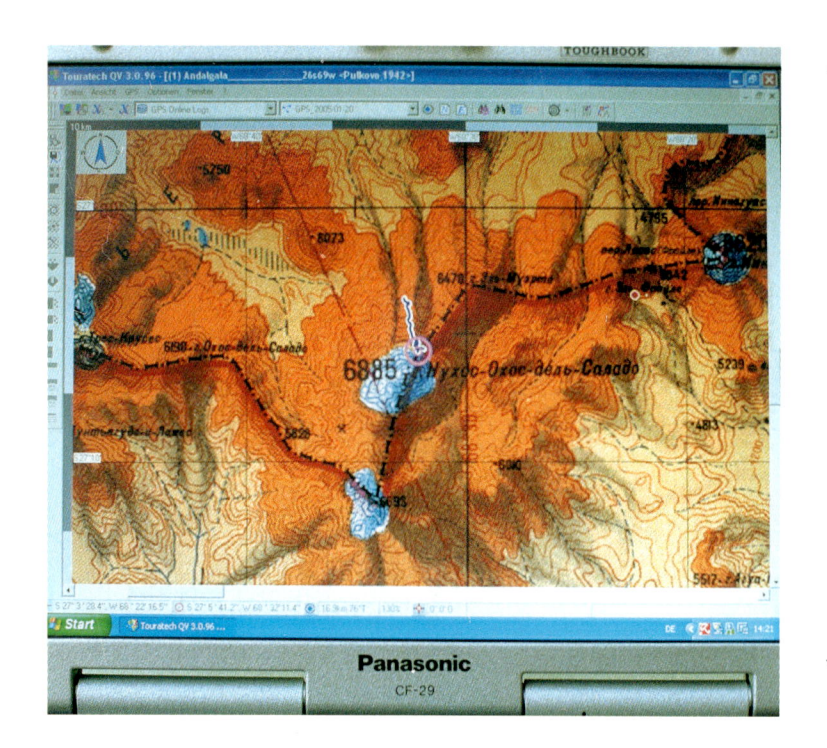

◁ Alte russische Militärkarten im Computer leisten gute Dienste bei der Orientierung.

▽ Einer der vielen Vulkanriesen in der Nachbarschaft des Ojos.

Kapitel 10: Verwirrende Nachrichten

△ Weite und leere Landschaft an der riesigen Südostflanke des Vulkans.

▷ Spurensuche an der Südostflanke.

Kapitel 10: Verwirrende Nachrichten

△ Imposantes Hochtal auf dem Weg nach Argentinien.

△ Erkundungstour im Niemandsland an der chilenisch-argentinischen Grenze.

DIE KONKURRENZ

20. Februar

Joachim Beyer und ich sitzen wieder im Flugzeug nach Santiago de Chile. Es ist genau einen Monat her, seit wir am Ojos eine neue Höhenrekordmarke gesetzt haben. 6.010 Meter hatten unsere GPS-Geräte angezeigt. Nach Karten der NASA wurde dieser Wert nachträglich sogar noch auf 6.033 Meter nach oben korrigiert. Doch lange konnten wir uns darüber nicht freuen, denn Rainer Zietlow und sein Touareg-Team hatten nicht aufgegeben: Wie sich herausstellte, waren sie einige Tage nach uns wieder am Berg, um unseren Rekord zu übertreffen. Beim ersten Versuch scheiterte das Zietlow-Team, das im Gegensatz zu uns Sauerstoffmasken einsetzte, jedoch an einer defekten Seilwinde bei 5.940 Metern. Nachdem eine neue Winde eingeflogen worden war, schaffte Zietlow schließlich eine Höhe von 6.081 Metern – so wurde es jedenfalls am 17. Februar publiziert.

Wir haben uns sofort nach Bekanntgabe dieser Daten entschlossen, sie vor Ort zu überprüfen und den Rekord, falls er tatsächlich verloren gegangen sein sollte, zurück zu erobern – selbstverständlich ohne Sauerstoffmasken. Der Landcruiser steht zu diesem Zeitpunkt noch in Chile. Ich hatte die anstehende Verschiffung zurück nach Deutschland sofort gestoppt. So schnell es eben ging, buchten Joachim und ich die Flüge und machten uns erneut auf die Reise. Roland Brühl will auch wieder mit von der Partie sein. Er kann allerdings erst in ein paar Tagen nachkommen.

Da die anderen Mitglieder unseres Teams teilweise schon wieder auf anderen Reisen unterwegs sind, teilweise aber auch beruflich in Deutschland gebraucht werden, haben wir uns diesmal entschieden, einheimische Helfer vor Ort zu rekrutieren. Außerdem wollen wir wieder eng mit den Behörden in Copiapo zusammenarbeiten, nicht zuletzt, um auch den neuen Rekord für das Guinness-Buch hieb- und stichfest zu machen. Das ist, so dachten wir, im zweiten Anlauf etwas leichter, da wir die Leute mittlerweile schon kennen und nicht mehr erst mühselig nach den richtigen Ansprechpartnern suchen müssen. Dass es anfangs anders kommt, spiegelt die folgende E-mail wieder.

E-mail an Karin Jeschke vom 21. Februar

Hi Liebling,

es gibt (aber bitte für dich behalten!) Probleme. Treffen uns heute mit dem Chef von Sebastian. Die wollen eine neue Rekordfahrt nicht zulassen. Genaues weiß ich aber noch nicht. Alles etwas komisch. Sebastian ist auch nicht da. Wahrscheinlich erst übermorgen. Bitte versuche Dich in meine Lage zu versetzen, ich bin ziemlich angespannt.
Bitte informiere Alexander und Michael, dass die Veröffentlichung NICHT !!!!!! in der Nacht auf den 24.02. stattfinden darf. Der neue Termin ist erst die Nacht vom 25. auf den 26.02.

Kapitel 11: Die Konkurrenz

> Begründung: Wir haben noch keine überprüfbaren Positionsangaben der VW-Expedition erhalten. Erst wenn wir diese haben (voraussichtlich morgen), können wir die Stelle prüfen. Anschließend starten wir unsere Rekordfahrt. Die neue Tagesberichterstattung muss dann mit dem 26.02. beginnen.
> Ich liebe Dich und bin stolz auf Deine Leistungen.
>
> Küsse,
> Dein Matze

Die Behörden machen uns also Schwierigkeiten. Hatte es zunächst geheißen, eine erneute Rekordfahrt würde nicht zugelassen, stellt sich in den Gesprächen mit den Beamten schließlich heraus, dass die zweite Fahrt zwar prinzipiell möglich, aber mit erheblich höheren Kosten als die erste Expedition verbunden sein würde. Nach stundenlangen, anstrengenden Verhandlungen können wir schließlich alle Probleme zur Zufriedenheit der Behörden lösen.

Joachim und ich werden die kommenden Tage damit verbringen, das Rekordfahrzeug in Santiago abzuholen, mit ihm nach Copiapo zu fahren, dort alles weitere zu organisieren und anschließend in die Nähe des Vulkans weiter zu ziehen, um uns wieder so gut wie möglich zu akklimatisieren. Wo wir den aus Deutschland nachreisenden Roland dann treffen werden, ist noch unklar.

AN DER LAGUNE

26. Februar

Auf der Fahrt von Copiapo zur etwa 200 Kilometer entfernten Laguna Santa Rosa platzt uns zum zweiten Mal an einem Mietwagen ein Reifen. Eine besondere Erfahrung ist an dieser Stelle auch das kochende Benzin in den Tanks unserer Fahrzeuge. Aufmerksam geworden durch ein starkes Zischen, öffne ich während des Radwechsels die Tankdeckel unserer Wagen und höre „sprudelndes" Benzin! Offenbar durch die schnell gefahrene Etappe, die brütende Hitze und die Höhe von knapp 4.700 Metern kocht der Kraftstoff. Eine interessante Erfahrung.

Die Laguna Santa Rosa liegt auf einer Höhe von 3.800 Metern und ist ein Zwischenstopp auf dem Weg zum Ojos del Salado. An diesem Salzsee leben Flamingos. Auch die kleineren Verwandten des Lamas, die Guarnacos, ernähren sich hier von dem wenigen Gras, das in der Nähe des Wassers wächst. Leider hält eine Akklimatisation nur ein paar Tage, und so müssen wir, was das angeht, von vorn beginnen. Doktor Kopfschmerz und Herr Schwindel werden also wieder unsere Begleiter sein.

Nachdem wir am späten Nachmittag als einzige Gäste die hölzerne Schutzhütte bezogen haben, unternehmen wir noch eine eineinhalbstündige Wanderung und verkriechen uns dann nach einer kargen Mahlzeit in unsere Schlafsäcke.

27. Februar

Nach der ungemütlichen Nacht, in der die Kopfschmerzen kaum nachgelassen haben, frage ich mich am Morgen, ob ich eigentlich noch ganz dicht bin, mir diese Qualen schon wieder anzutun. Vor allem, wenn man weiß, dass es einem in einigen Stunden garantiert noch schlechter gehen wird. Wie auch immer, wir starten um zehn Uhr zur mehr als 100 Kilometer entfernten Laguna Verde. Allerdings wählen wir statt der Piste die Kompassrichtung. Eine gute Entscheidung, wie sich herausstellt: Wir fahren über ein fast topfebenes, endloses Hochplateau. Mit fast 120 km/h lassen wir die Fahrzeuge förmlich über den Sand und das feine Geröll fliegen. Genuss pur für uns Offroad-Fans mitten in einer grandiosen Landschaft.

An der Lagune angekommen, gönnen wir uns ein Nickerchen auf den Schalensitzen des Landcruisers. Es ist sonnig, aber kalt, hier auf 4.400 Metern. Am frühen Nachmittag trifft Roland Brühl ein. Er ist auf direktem Weg gekommen. Nach dem Flug von Deutschland nach Santiago ist er mit dem Nachtbus bis Copiapo gereist und dann mit einem „Ranger-Taxi", das wir vorher organisiert hatten, zur Laguna Verde weiter gefahren. Nach der herzlichen Begrüßung und einem schmalen Mittagessen in Form einer verdünnten Tomatensuppe beziehen wir die Rangerhütte, die wir während der Akklimatisationszeit nutzen können. Drei Mann in einem Raum von zwei mal zwei Metern, Betonboden, Wellblechwände. Die „Küche" verdient diesen Namen nicht wirklich.

Kapitel 12: An der Lagune

Ich weiß nicht, woher Roland nach der Reise um die halbe Welt noch die Kraft nimmt, aber wir unternehmen noch eine gemeinsame Akklimatisations-Tour zu Fuß. Sie dauert fast drei Stunden. Wir schaffen etwa zehn Kilometer und an die 200 Höhenmeter. Mit salzverkrusteten Gesichtern kehren wir zurück ins Camp und bereiten uns ein Abendessen mit viel Knoblauch zu. Einige Schlückchen Rotwein aus der letzten Flasche runden den Abend ab.

28. Februar

Katastrophal ist das einzig mögliche Wort, um die vergangene Nacht zu beschreiben. Die Hütte, die wir freundlicherweise benutzen dürfen, ist über einer warmen Salzwasserquelle gebaut. Das mag für eine erträgliche Temperatur in dieser Höhe sorgen, aber auch dafür, dass die ganze Nacht über undefinierbare Dämpfe durch den winzigen fensterlosen Raum wabern. In Verbindung mit den Kopfschmerzen, die uns ohnehin schon plagen, der reinste Horror.

Wir nutzen den Vormittag zur Überprüfung und Einstellung aller möglichen technischen Systeme, die wir dabei haben. GPS, Kameras, Iridium-Telefon, Laptop und vieles mehr muss gereinigt und so verstaut werden, dass wir jederzeit Zugriff darauf haben. Zu unserer Freude hat Wildo, der Hüttenranger, schon am frühen Morgen angefangen, eine Gans zu rupfen, sie auszunehmen und zu kochen. Wo er den Vogel her hat, entzieht sich unserer Kenntnis. Wir wollen das Festmahl mittags gemeinsam mit einigen Rangern aus Copiapo einnehmen, mit denen wir verabredet sind, um am Ojos der Touareg-Fährte zu folgen.

Doch wie so oft hierzulande, klappt es nicht mit einer halbwegs pünktlichen Verabredung. Die Herren kommen erst um fünf, und somit gibt es erstens keine Gans zum Mittagessen und zweitens keine Fahrt mehr zum Ojos. Wir begnügen uns mit Risotto und fahren wenigstens auf den 20 Kilometer entfernten Paso de San Francisco. Er liegt auf 4.747 Metern direkt an der argentinischen Grenze. Wir nutzen die Gelegenheit, um fernab von irgendwelchen Grenzposten – die sind Dutzende von Kilometern entfernt – ein paar Schritte auf argentinischem Boden zu gehen.

Der Ojos muss bis morgen warten. Kein wirkliches Problem. Was uns allerdings ein wenig beunruhigt, ist die Aussage zweier Ranger, die heute vom Berg kamen. Sie berichten von einem fünf Tage zurückliegenden heftigen Sturm, der wieder viel Schnee auf den Vulkan gebracht hat. Die obere Hütte sei nur mit Schneeketten erreichbar, heißt es. Wir sind gespannt.

Kapitel 12: An der Lagune

△ Einmal Argentinien und zurück. Matthias und
Joachim bei einem Abstecher ins Nachbarland.

▷ Überlebenskünstler: Flamingos finden sogar im
Salzwasser der Laguna Verde ihr Futter.

▽ Unser Camp befindet sich am gegenüberliegenden
Ende des Sees. Joachim und Roland bei einer Akklimatisierungswanderung an der Laguna Verde.

Kapitel 12: An der Lagune

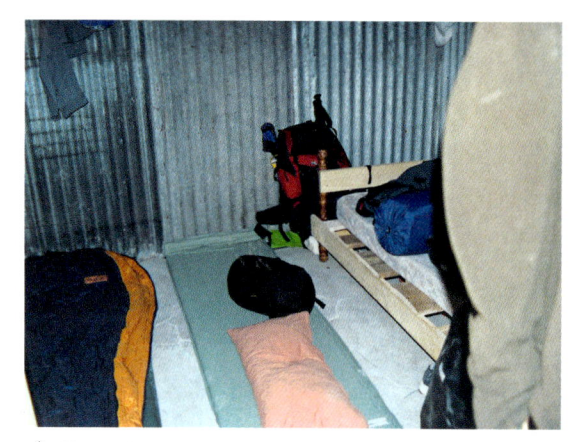

△ Unser Appartement mit „Fußbodenheizung" am Rand der Lagune.

△ In der Küche der Rangerhütte: Wildo bei der Gans-Zubereitung mit Joachim.

△ Training ist alles: Roland und Joachim versuchen, sich durch Märsche an die Höhe zu gewöhnen.

SPUREN IM SAND

1. März

Die Nacht war, verglichen mit der letzten, recht angenehm und erholsam. Wahrscheinlich waren wir allesamt zu müde, um uns mit Nebelschwaden aller Art zu beschäftigen. Gegen zehn brechen wir mit einem Ranger zum Ojos auf und treffen eine Stunde später, wie verabredet, unsere Begleiter am Refugio Atacama, der unteren Hütte auf 5.200 Metern. Gemeinsam fahren wir weiter zur oberen Hütte, dem Refugio Tejos. Wir kommen entgegen der Befürchtungen recht problemlos voran. Es liegt zwar tatsächlich ziemlich viel Schnee auf dem Track, doch der lässt sich überfahren. Nachdem wir auch die obere Hütte passiert haben, geht's mit dem voll gepackten Hilux (fünf Personen plus Equipment) noch weiter bis auf 5.940 Meter, direkt vor einen Felsriegel.

Wir stehen genau an der Stelle, die wir im Dezember als Beginn unserer Rekordfahrt ausgespäht hatten, die wir jedoch im Januar wegen des vielen Schnees nicht hatten befahren können. Jetzt sind die Reifenspuren am Boden nicht zu übersehen. Sie stammen, meint der uns begleitende Ranger, eindeutig vom Touareg. Das Volkswagen-Team hatte also ebenfalls geplant, diese Route zu fahren und das einige Zeit nach uns auch getan. Der Schnee kann hier oben ebenso schnell verschwinden, wie er gekommen ist. Die starke Sonneneinstrahlung und der heftige Wind sorgen dafür, dass sich ein massives Schneefeld innerhalb weniger Tage auflöst.

Da wir heute gekommen sind, um festzustellen, was bei der VW-Expedition wirklich geschehen ist – die Informationen, die vom Zietlow-Team an die Öffentlichkeit gingen, waren recht dürftig – folgen wir den Fahr- und Windenspuren weiter hinauf. Die höchste Stelle ist wenig später nicht zu übersehen, schließlich prangt dort ein speziell angefertigtes Schild: High-Altitude World-Record VW Touareg.

Das Zietlow-Team hat es also tatsächlich geschafft, uns ein Schnippchen zu schlagen. Zwar unter Einsatz von zusätzlichem Sauerstoff für die Mannschaft und kräftiger Windenunterstützung für das schwere Fahrzeug, aber immerhin. 6.080 Meter wurden erreicht. Laut Aussage eines chilenischen Helfers, der bei dem Unternehmen mit von der Partie war, gab das Team an dieser Stelle wegen eines Reifenschadens auf. Egal, mit welchen Hilfsmitteln sie es geschafft haben, für ihr Ziel haben auch die Männer der Konkurrenz hart gekämpft. Das muss man mit sportlicher Fairness anerkennen.

Nachdem wir diese Sache also erledigt haben, kümmern wir uns um den Verlauf unserer eigenen Route. Dass wir den neuen Rekord packen werden, steht für uns jetzt außer Frage. Wir werden auch diesmal auf zusätzlichen Sauerstoff verzichten. Wir sehen darin die eigentliche Herausforderung, im Zusammenspiel von Mensch und Maschine.

Kapitel 13: Spuren im Sand

△ Bis zu dieser Stelle kam die Konkurrenz: Roland, Joachim, Javier und Sebastian am Endpunkt der Touareg-Expedition auf 6.080 Meter.

▷ Roland Brühl, schwer bepackt mit Stativ und Video-Equipment.

▽ Unsere GPS-Geräte zeigen an dieser Stelle sogar 6.085 Meter an.

EIN NEUER ANLAUF

2. März

Es ist sechs Uhr morgens. Unerbittlich klingeln die Handys und beenden unsere erste, hier oben wirklich durchgeschlafene Nacht. Wir haben uns gestern am späten Abend entschlossen, unsere zweite Weltrekordfahrt entgegen der vorgesehenen Planung doch schon heute zu starten. Es hatte gestern einfach alles gepasst – abgesehen natürlich von den brutalen Kopfschmerzen und dem Schwindel am Nachmittag. Außerdem sind die Wettervorhersagen für die kommenden zwei Tage ziemlich vielversprechend, das Rekordauto ist einsatzfertig, und wir sind heiß auf einen neuen Rekord.

Nachdem wir uns „einsatzfertig" gemacht haben – und getreu der Zwiebeltechnik Kleidung über Kleidung über Kleidung angezogen haben – und auch das Frühstück gelungen ist, starten wir gemeinsam mit dem ersten unserer chilenischen Helfer und unseren beiden Fahrzeugen. Mit dem Landcruiser 90 V6 und dem Hilux Pickup fahren wir zunächst zur unteren Hütte Refugio Atacama. Hier holen wir unseren zweiten chilenischen Begleiter ab und fahren zum Einstieg unserer neuen Rekordroute. Mittlerweile ist es zehn Uhr geworden und das Wetter bei fast vollständiger Windstille wie vorhergesagt perfekt. Temperaturen um minus 10° C bescheren uns einen oberflächlich gefrorenen Boden – ideale Bedingungen für unseren Rekordversuch.

Was dann folgt, ist wie eine Belohnung für alle vorangegangenen Strapazen, Entbehrungen und Einsätze. Während wir im Januar noch länger als zehn Stunden lang mit Schnee, Eis und Fels gekämpft haben, um knapp über 200 Höhenmeter zu schaffen, überfahre ich nun innerhalb von nur zwei Stunden mit dem Landcruiser die Höhenmarke von 6.080 Metern. Das restliche Team muss leider laufen – eine Super-Leistung besonders von Roland und Joachim nach der kurzen Akklimatisationszeit.

Wir schaffen fast alle Passagen, ohne die Seilwinde einzusetzen. Nur an zwei Stellen, auf 5.976 und auf 6.010 Metern, brauchen wir die starke und schnelle Warn-Winde zur Unterstützung. Mit der Seilwinde sichern wir das Fahrzeug am Hang und unterstützen den jeweils neuen Anfahrvorgang. Der Landcruiser läuft perfekt, als ginge es um sein letztes Rennen. Und die Reifen verblüffen uns mit einer ungeahnten Traktion. Sie halten auch die Belastung durch Felsen und Geröll aus, obwohl wir schon die härteste Offroad-Rallye Europas, die „Berlin-Breslau", mit genau diesem Reifensatz gefahren sind. Mit 0,9 bar Luftdruck auf 6.000 Metern, das entspricht etwa 0,6 bar auf normal Null, klettern wir mit oft völlig „plattgequetschten" Pneus über steile, scharfkantige Felsen und fahren über Büßereis, das vielfach messerscharf ist.

Die nächsten zwei Stunden werden äußerst anstrengend. Nur mit der Muskelkraft aller Teammitglieder bauen wir eine zwei Meter hohe Steinrampe, um mit dem Auto einen Felsbruch zu überwinden. In dieser Höhe ohne zusätzlichen Sauerstoff eine furchtbare Schinderei. Doch es lohnt sich: Gegen 14.30 Uhr erreichen wir nach dieser Kraftanstrengung eine neue, nach den Vorgaben von Guinness World Records bezeugte Höhe von 6.122 Metern. Es ist unser zweiter Höhenweltrekord und der Gewinn eines Wettkampfes.

Kapitel 14: Ein neuer Anlauf

Nachdem wir diese Höhe erreicht und dokumentiert haben – mittlerweile geht es uns allen aufgrund der Anstrengung und des fehlenden Sauerstoffs ziemlich schlecht – „parken" wir den Landcruiser auf 6.117 Metern. Es ist der wohl höchste nachweisbar angefahrene Parkplatz der Welt – das wäre auch eine Idee für den Eintrag ins Guinness Buch der Rekorde gewesen! Zu Fuß steigen wir ab zum wartenden Hilux. Wir entscheiden uns noch während der Rückfahrt zum Camp an der Laguna Verde, die heutige Nacht wegen unserer körperlichen Verfassung nicht dort, sondern in Copiapo zu verbringen. Nach kurzem Zwischenstopp an den Quellen des Salzsees fahren wir weiter ins vier Stunden entfernte Bergbaustädtchen, um uns dort ein wenig zu erholen.

△ Start des zweiten Rekordversuchs am Refugio Atacama: Sebastian, Javier, Wildo, Joachim, Matthias und Roland.

Kapitel 14: Ein neuer Anlauf

▷ Pause auf etwa 6.100 Meter. Der Touareg-Rekord ist an dieser Stelle schon gebrochen.

▽ Joachim versucht's, doch das amerikanische Brausegetränk ist in dieser Höhe nicht mehr trinkbar. Es schäumt nur noch im Mund.

Kapitel 14: Ein neuer Anlauf

△ Körperlich geschafft, aber glücklich: Zwischenrekord auf 6.122 Meter.

△ Der vermutlich höchste Parkplatz der Welt: Wir lassen den Landcruiser auf 6.118 Meter zurück.

GANZ OBEN

4. März

Um Punkt 2.45 Uhr klingelt alles, was klingeln kann, um uns zu wecken, Handys, Wecker, Hoteltelefon. Wir wollen so früh wie möglich los, um des gefrorenen Bodens wegen wieder zeitig am Ojos zu sein. Da wir alles Equipment schon am Vorabend gepackt hatten, heißen die einzigen Zeitverzögerer nun Roland und Matthias. Uns geht es, wahrscheinlich wegen des umfangreichen Nachtmahls am Vorabend, nicht wirklich gut. Bis wir drei alle im Auto sitzen, ist es deshalb schon halb vier.

Zum Glück hat Joachim die Verantwortung fürs Fahren übernommen und bringt uns mit dem Hilux in vier langen Stunden zur „geliebten" Laguna Verde. Roland geht es mittlerweile besser, doch mir ist nach wie vor kotzübel, und ich habe keine Ahnung, wie ich den Tag auf über 6.000 Metern überstehen soll. Joachim empfiehlt Kohletabletten. Ich habe bisher noch keinerlei Erfahrung mit den zwei Zentimeter dicken und ebenso breiten Wunderpillchen, nehme sie aber in Ermangelung greifbarer Alternativen ein. Unabhängig von der Wirkung des Medikaments fahren wir dann zusammen mit unseren beiden chilenischen Helfern Wilfredo Castro und Javier Molina zur Refugio Atacama, nehmen dort den unabhängigen Beobachter und Kontrolleur Mauricio Cornejo auf und klettern mit dem Hilux weiter bis zum Felsriegel am Einstieg unserer Rekordroute.

Hier lassen wir den Wagen stehen und beginnen gemeinsam den anstrengenden Aufstieg zum „höchsten Parkplatz der Welt" auf 6.117 Metern. Bis alle den Landcruiser erreicht haben, ist es halb zwölf. Gespannt warten Roland, Joachim und ich, unsere zwei chilenischen Helfer und der offizielle Beobachter nun auf die Beantwortung der wichtigsten Fragen: Wird der Motor nach zwei Nächten in dieser Höhe und Temperaturen um minus 25 Grad Celsius wieder problemlos anspringen? Und werden die eingebauten GPS-Systeme, der Notebook-PC und die Iridium-Telefonanlage auch funktionieren? Nach bangen Minuten des Wartens die Erlösung: Der Motor springt sofort an, und alle installierten Systeme arbeiten einwandfrei.

Der Weiterfahrt in unbekanntes Terrain steht also nichts mehr im Wege. Oder doch? Denn rund 30 Höhenmeter unter uns liegt eine Schlüsselstelle zu weiteren Höhen. Es ist ein kleiner, gefrorener Gletschersee. Rechts daneben geht es steil bergab, links liegt ein nicht zu überquerendes Schnee- und Büßereisfeld. Zwar hatte ich den See vorgestern bereits zu Fuß erkundet und die Dicke mit Hilfe einer Stange zu überprüfen versucht, doch trotz allem: Es lässt sich nicht ausschließen, dass der schwere Wagen einbrechen kann. Wir haben keine Wahl und müssen es versuchen.

Dazu heißt es zunächst aber, mit dem Landcruiser vom „Parkplatz" aus über einen Steilhang nach unten an den Rand des Sees zu kommen. Das gestaltet sich schwieriger als gedacht, lassen sich doch einige Steinbrocken, die wegen ihrer Größe nicht zu überfahren sind, kaum dazu bewegen, ihren Platz zu räumen. Es kostet viel Kraft und Windeneinsatz, diese Hindernisse zu beseitigen.

Die Route für die Querung habe ich genau festgelegt: Zunächst 120 Meter auf schneebedecktem Eis exakt geradeaus, dann 35 Meter auf blankem Eis im 45-Grad-Winkel nach rechts, dann 90 Meter

Kapitel 15: Ganz oben

auf schneebedecktem Eis im 90-Grad-Winkel nach links. So könnte es klappen, aber ein Rest Unsicherheit bleibt.

Ich fahre los und lasse den Landcruiser im ersten Gang langsam aufs schneebedeckte Eis kriechen. Dabei versuche ich, auf verdächtige Geräusche vom Eis zu hören und mich an den festgelegten Kurs zu halten. Als ich den ersten Abschnitt ohne Probleme geschafft habe und auf die 35 Meter lange Strecke auf blankem Eis abbiege, beginnt das Eis plötzlich unter mir zu brechen. Nur ein Gedanke schießt mir durch den Kopf: „Weg hier!" Ich gebe Vollgas.

Der Toyota schießt – soweit man das im ersten Gang des Untersetzungsgetriebes sagen kann – durch das brechende Eis, versinkt aber immer nur bis zu etwa zwei Dritteln des Raddurchmessers. Nach einigen Metern reiße ich das Lenkrad herum, um auf den schneebedeckten Boden zu kommen und erreiche das andere Ufer nach Sekunden des Schreckens tatsächlich ohne Schaden!

Das war knapp. Wäre der Wagen völlig eingebrochen, hätte ich genug damit zu tun gehabt, mein Leben zu retten. Das Auto wäre vielleicht verloren gewesen, zumal niemand weiß, wie tief das Gewässer wirklich ist. Die Freude ist unbeschreiblich und lässt meine Übelkeit mit einem Schlag verschwinden. Wir alle jubeln und sind mehr als glücklich. Wir haben das Nadelöhr zum Erfolg passiert. Die anderen, die nun zu Fuß über das Eis folgen, stellen beim Überqueren fest, dass genau dort, wo der Landcruiser eingebrochen war, eine Art Sandbank durch den kleinen See verläuft. Das bedeutet: Nicht nur die Hinfahrt ist geschafft, sondern auch die Rückfahrt ist an dieser Stelle einigermaßen gesichert.

Weiter geht's. Ich treibe den Landcruiser einen zuvor per Fernglas ausgekundschafteten Hang hinauf. Während er unten noch mit viel Sand und kleineren Geröllbrocken bedeckt ist, nehmen die Schneefelder im oberen Drittel stark zu. Da ich auf gar keinen Fall Schwung verlieren will, muss ich jedes Mal in Bruchteilen von Sekunden entscheiden, welcher Richtung ich folge. Nach einer Absatzsenke entscheide ich mich, links an einem Felsbrocken vorbeizufahren. Ich trete das Gaspedal voll durch und halte auf ein Schneefeld zu. Alle Räder drehen durch, der Toyota wühlt sich bergauf, bis er kurz vor der Kuppe plötzlich nach links wegrutscht und in gefährliche Schräglage gerät. Erst kurz vor dem Umkippen kann ich das Rutschen stoppen.

Ganz vorsichtig bringe ich das Fahrzeug wieder in eine stabile Position, während die anderen aus etwa 800 Metern Entfernung gespannt verfolgen, was am Hang passiert. Also noch einmal: Erster Gang, Vollgas, diesmal wieder links am Felsbrocken vorbei, aber mit nach rechts eingeschlagenen Rädern. Und es klappt! Ich komme hinauf und stehe auf 6.223 Metern über Normal Null!

Wieder haben wir unsere eigene Weltrekordmarke verbessert und stehen auf einem kleinen Gipfel. Die anderen folgen zu Fuß, doch sie können kaum noch. Die Anstrengung ist brutal. Es fehlt jede Menge Sauerstoff, das Herz schlägt wie wild, der Kopf dröhnt, es ist einem schwindelig, und man glaubt, jeden Moment umzufallen. Jede Bewegung hier oben kommt einem vor, als müsste sie unter dem zusätzlichen Ballast von zwei Zementsäcken ausgeführt werden. Selbst unseren chilenischen Helfern geht langsam die Puste aus. Wie muss es da erst meinen beiden Freunden gehen! Gerne würde ich sie abholen und hinauf fahren. Da das jedoch unmöglich ist, laufe ich ihnen wenigstens entgegen und nehme Roland die schwere Kameratasche ab.

Oben angekommen geht erst mal gar nichts mehr. Wir sind alle fertig. Mittlerweile ist es 13 Uhr Ortszeit. Nach einigen Minuten beginnen wir zu diskutieren. Sollen wir versuchen, noch weiter zu fahren? Vor uns liegt wieder eine Senke mit Eis-, Schnee- und Büßereisfeldern. Würden wir einen Weg auf die andere Seite finden? Wenn ja, könnten wir möglicherweise noch höher fahren?

Ich entschließe mich, mit den beiden chilenischen Helfern Wilfredo und Javier vorzulaufen und einen Weg zu suchen. Nach etwa einer Stunde komme ich zum Wagen zurück. Die beiden Chilenen warten etwa anderthalb Kilometer entfernt an einem Büßereisgraben. Ich berichte den Zurückgebliebenen von der Entdeckung einer möglichen „Hochtalquerung". Gemeinsam beschließen wir, es zu versuchen und lassen aus den Reifen nochmals Luft ab, um die Traktion zu verbessern. Ab jetzt fahren wir nur noch mit 0,5 bar! Auf Meereshöhe würde dieser Wert etwa 0,2 bar entsprechen. Die Reifen sind also praktisch platt.

Zunächst läuft alles planmäßig. Alle sitzen im Auto, als wir den Hang auf die nächste Eisfläche herunterfahren. Vorsichtig kriecht der Toyota über den ersten Eisbruch. Es scheint kein Problem zu geben. Dann plötzlich ein Krachen. Unter dem hinteren rechten Rad ist das Eis weggebrochen. Der Wagen sitzt mittig auf, zwei Räder hängen in der Luft. Alle steigen aus. Wir bringen den Erdanker in Position und rucken einmal kurz mit der hinteren Winde an. Es klappt, der Wagen kommt frei. Ich setze zurück und überfahre den Bruch weiter links. Anschließend fahren wir alle gemeinsam – wir sind immerhin zu sechst – im Landcruiser weiter.

Plötzlich scheint es uns, als öffneten sich die Türen des Ojos nun endgültig. Als hätte der Berg erkannt, dass wir respektvoll und als Freunde gekommen sind, die ihn nicht bezwingen, sondern etwas erreichen wollen. Mit jedem weiteren gefahrenen Meter wird klarer, wo der jeweils neue Weg ist. Der Landcruiser klettert über mächtige, aber flache Steinplatten immer weiter empor. Wir fahren über Kanten und Trassen, über Schneefelder und kleinere Eisplatten. Die GPS-Geräte zeigen mittlerweile 6.290 Meter an. Wir können es kaum fassen und fangen an, laut zu lachen. Trotz oder auch wegen der enormen Belastung für jeden einzelnen von uns brechen die Emotionen jetzt durch. Wir klatschen uns gegenseitig ab. Keiner kam bisher höher als wir, und es geht immer noch weiter!

Vor uns liegt nur noch ein Schneefeld. Wir preschen hinein, bleiben im fast einen Meter tiefen Schnee stecken, steigen aus, schaufeln uns frei und versuchen es erneut. Es geht nur allein mit einem Mann im Auto. Alle anderen schleppen sich mit letzter Kraft auf den kleinen Gipfel vor uns. Ich setze zurück und lasse den Motor noch mal auf über 5.000 Umdrehungen pro Minute hochdrehen. Dasselbe Spiel wie einen Monat zuvor. Die Kupplung knallt mit einem Schlag, alle Räder drehen durch, der Schnee fliegt im hohen Bogen. Der Landcruiser nimmt Fahrt auf...

Als ich das Schneefeld hinter mir habe und der letzte Hang vor mir liegt, zeigt der Drehzahlmesser fast 6.500. Ich schreie laut los, um letzte Kräfte zu mobilisieren. Der Landcruiser wühlt und wühlt. Er packt es. Er kommt rauf, er kommt tatsächlich rauf, und ich stehe gemeinsam mit Freunden und Helfern auf 6.358 Metern. Es ist unglaublich: Ohne zusätzlichen Sauerstoff und ausschließlich fahrenderweise erreichen wir an diesem 4. März um 16.00 Uhr Ortszeit mit den GPS-Koordinaten S 27° 06` 9.2`` / W 68° 33` 27.2`` eine neue Weltrekordhöhe für Kraftfahrzeuge. Ich springe aus dem Auto, wir fallen uns gegenseitig in die Arme und freuen uns zusammen über unsere Leistung.

Dann wird es gefährlich. Dicke Schneewolken ziehen von Argentinien herüber. Die Chilenen mahnen dringend zur Eile. Wir müssen unbedingt runter. Es wird hektisch. Schnell noch den erreichten Punkt mit der chilenischen und der deutschen Flagge markieren – eine Schneiderei aus Copiapo

Kapitel 15: Ganz oben

hatte es sich nicht nehmen lassen, beide Flaggen zu nähen – und dann nichts wie weg. Sollte es tatsächlich anfangen zu schneien, müssten wir das Fahrzeug zurücklassen und einen schnellen Abstieg versuchen – die einzige Chance, hier raus zu kommen. Doch wir schaffen es. Noch bevor es tatsächlich anfängt zu schneien, erreichen wir kurz vor Einbruch der Dunkelheit sicheres Terrain an der unteren Hütte, dem Refugio Atacama. Wir alle sind völlig fertig und am Ende unserer Kräfte. Wir fahren noch bis zur Laguna Verde weiter und fallen „mausetot" in unsere Schlafsäcke.

Kapitel 15: Ganz oben

△ Erneuter Aufstieg: Vom Hilux auf 5.950 Meter geht´s zu Fuß zum „Stellplatz" des Rekordfahrzeugs.

◁ Es liegt deutlich weniger Schnee als bei unserem ersten Versuch. Roland zwischen meterhohen Büßereis-Säulen.

Kapitel 15: Ganz oben

△ Zwischenbericht per Telefon nach Deutschland. Über das Iridiumnetz auch von hier aus kein Problem.

◁ Auf einer Höhe von 6.190 Meter. Oben ist das Eisfeld zu erkennen, das wir später überqueren werden.

Kapitel 15: Ganz oben

△ Zwischenrekord auf einem kleinen Gipfel: 6.290 Meter.

△ Das Ziel ist erreicht: Nie zuvor war ein Auto auf 6.358 Meter über Normal Null.

Kapitel 15: Ganz oben

△ Überglücklich, aber fast am Ende ihrer Kräfte: Wildo, Joachim, Javier, Roland und Matthias.

Kapitel 15: Ganz oben

CERTIFICATE

Matthias Jeschke (Germany) drove a Toyota Land Cruiser 90 to an altitude of 6,358 m (20,860 ft) on the slopes of the volcano Ojos del Salado on the Chile-Argentina border on 4 March 2005

Keeper of the Records
GUINNESS WORLD RECORDS LTD

DAS TEAM

Matthias Jeschke,
Jahrgang 1971, gilt nicht nur unter Insidern als Offroad-Experte. Er fährt und organisiert Rallyes, veranstaltet Offroad-Reisen sowie Geländewagen-Fahr- und Sicherheitstrainings. Seine Teams waren bereits mehrfach Mittelpunkt verschiedener Fernsehproduktionen (Kabel 1 2002, 2003 und DSF 2004) rund um die Themen Fahrzeug und Offroad. Matthias Jeschke war Initiator und Planer der Höhenweltrekordfahrt. Er leitete beide Expeditionen und fuhr als erster Mensch mit einem Fahrzeug auf eine Höhe von 6.358 Metern. Matthias Jeschke ist Inhaber der Firma Jeschke Extrem Events, Off Road Reisen.

Dirk Glaser,
Jahrgang 1958, ist WDR-Fernsehmoderator, Buchautor und Filmemacher. Er machte sich mit verschiedenen Expeditionsdokumentationen einen Namen. Aufmerksamkeit erregten unter anderem seine Filme über die Erstbefliegung des Aconcagua mit dem Gleitschirm (ZDF, 1986), die erste Reise mit einem Segel-Katamaran in die Antarktis (WDR/NDR, 1999), eine Rekordfahrt mit dem Fahrrad rund um Australien (VOX, 1994), sowie über eine Expedition zum höchsten Berg Kolumbiens, dem Pico Colón (SWR, 1993). Darüber hinaus war Dirk Glaser Mitinitiator und Planer der Höhenweltrekordfahrt. Er begleitete die Expeditionen und drehte die 45-minütige Filmdokumentation „Gipfelsturm". Dirk Glaser ist Gründer und Mitgesellschafter der Ditho TV GmbH, Kiel.

Joachim Beyer,
Jahrgang 1964, ist unter anderem geschäftsführender Gesellschafter der Beyer Baustoffhandelsgesellschaft mbH mit Sitz in Mainz. Als Fahrer und Co-Pilot bestreitet er seit Jahren erfolgreich international besetzte Rallyes und begleitete Matthias Jeschke auf zahlreichen Offroad-Reisen. Joachim Beyer unterstützte und begleitete beide Expeditionen und trug entscheidend zum Erreichen beider Höhenweltrekorde bei.

Das Team

Roland Brühl,
Jahrgang 1957, ist Inhaber der Firma Jagdwaffen Brühl mit Sitz in Limburg und Idstein. Durch seine Tätigkeit als Jagdausbilder ist er seit Jahren passionierter Geländewagenfahrer. Er nahm an zahlreichen Offroad- Reisen mit Matthias Jeschke teil. Seit 2004 fährt er erfolgreich internationale Offroad-Rallyes. Roland Brühl begleitete außer der Recherchetour 2003 beide Expeditionen und trug wesentlich zum Erfolg bei.

Thomas Linkel,
Jahrgang 1969, arbeitet als selbstständiger Fotograf in München in den Bereichen Reise und Werbung. Seine Auftraggeber sind internationale Magazine und Unternehmen. Seine Fotos werden in Ausstellungen in Deutschland, der Schweiz, USA, Norwegen und Island gezeigt.

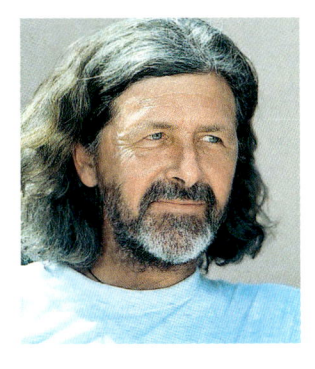

Wilfried Studer,
Jahrgang 1956, ist seit über zwei Jahrzehnten Bergführer und ausgewiesener Kenner der Anden. In über 30 Expeditionen allein in Südamerika bestieg er im Laufe der Jahre die höchsten Andengipfel. Zu seinen bergsteigerischen Leistungen zählen unter anderem die Nordwandtrilogie Winter und Sommer, Expeditionen zum Manaslu (8.163 m), Makalu (8.484 m), Gasherbrum 2 (8.035 m), Hidden Peak (8.068 m), Mt. McKinley (6.194 m) und vier Expeditionen zum Mt. Everest (8.880 m) ohne Sauerstoff.

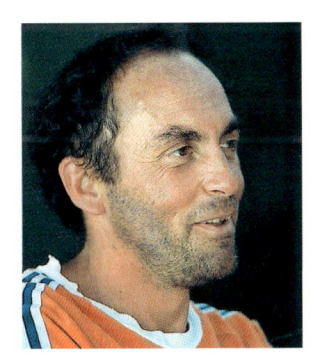

Kurt Kobler,
Jahrgang 1964, ist Bergsteiger und Weltreisender aus Überzeugung. Mit verschiedenen spektakulären Aktionen machte er international auf sich aufmerksam, zum Beispiel mit der Umrundung des australischen Kontinents auf dem Fahrrad.

NACHWORT

Nachdem wir die neue Höhenmarke gesetzt hatten, kam keine einzige neue Mail mehr, in der behauptet wurde, irgendjemand sei irgendwo noch höher hinauf gefahren. Stattdessen Lob und Anerkennung von allen Seiten. Wir freuen uns darüber und natürlich über den Rekord. Aber auch darüber, dass alle wieder heil zu Hause angekommen sind. Nur einige Wochen nach unserer Rückkehr kamen mehrere Dutzend chilenische Soldaten bei einer Übung in den Anden ums Leben. Die Offiziere hatten die Wetterlage falsch eingeschätzt. Die jungen Wehrdienstleistenden wurden vom Sturm überrascht und starben unter meterdickem Schnee in ihren Schlafsäcken. Ein schreckliches Beispiel dafür, wie unberechenbar die Anden sind.

Wir haben versucht, durch sorgfältigste Vorbereitung und durch gründliche Recherchen das Risiko unserer Unternehmung so klein wie möglich zu halten. Aber gefährlich blieb es trotzdem. Wir haben uns in Höhen gewagt, die für trainierte Himalaya-Spezialisten nicht das Dach der Welt darstellen. Doch für „Normalmenschen" wie uns sind 6.300 Meter ein körperlicher Grenzbereich. Es macht stolz, trotz der großen Belastung den „inneren Schweinehund" überwunden zu haben.

Was gibt es Größeres als die Wünsche und Vorstellungen, die wir in uns tragen? Was gibt es Schöneres als die Verwirklichung eines Traums? Was gibt es Reizvolleres als die Umsetzung einer Idee? Was gibt es Stärkeres als die Freundschaft?

Als wir uns kennenlernten, sprachen wir über Wünsche und Vorstellungen. Gemeinsam entstand ein Traum. Mit unseren Freunden setzten wir die Idee des Traums in die Wirklichkeit um. Es war ein besonderes, ein in jeder Hinsicht außergewöhnliches Erlebnis. Die Erinnerung daran bleibt, auch wenn schon bald neue Herausforderungen auf uns warten.

Unser Dank gilt Joachim und Roland und allen Förderern und Sponsoren dieses Projekts, die an unseren Erfolg geglaubt und uns Ihr Vertrauen ausgesprochen haben. Dank Ihrer Unterstützung konnten wir gemeinsam beweisen, dass mit dem unbedingten Willen zum Erfolg, gepaart mit gutem technischen Equipment und der nötigen Besonnenheit jedes gesteckte Ziel erreicht werden kann.

Ein besonderer Dank geht an unsere beiden geliebten Frauen, Karin und Andrea, ohne deren Unterstützung und Geduld die Realisierung dieses Abenteuers nicht möglich gewesen wäre.

Bildnachweis

Fotos:

Roland Brühl (Seiten 69 oben, 70 oben rechts, 73 unten, 74-75, 76 oben, 121 oben links, 135 unten)

Matthias Jeschke (Seiten 18-20, 26-30)

Dirk Glaser (Seite 59 unten rechts)

Thomas Linkel (alle übrigen Fotos)

Weitere Automobilbücher im Programm des Wieland Verlags:

Michael Eichhammer
Silberpfeile und Kanonen
Die Geschichte der Auto Union Rennwagen und ihrer Fahrer

Hardcover, gebunden, 16,5 x 23 cm
176 Seiten mit ca. 150 Abbildungen
Preis: EUR 29,80
ISBN: 3-9808709-1-X

Spannend wie ein Roman:
Die goldene Ära des Rennsports, die Erfolge und Schicksale
ihrer Helden, der Aufstieg und das Ende im Spannungsfeld
des Nazi-Regimes.

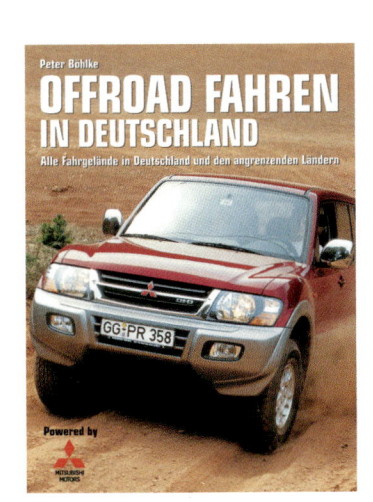

Peter Böhlke
Offroad fahren in Deutschland
Alle Fahrgelände in Deutschland und den angrenzenden
Ländern

Flexicover, 16 x 21 cm
160 Seiten mit 265 Farbfotos
Preis: EUR 19,80
ISBN: 3-9808709-3-6

Mit dem Geländewagen ins Gelände:
Eine Übersicht über alle Anlagen, in denen das in Deutschland und den Nachbarländern ganz offiziell möglich ist.

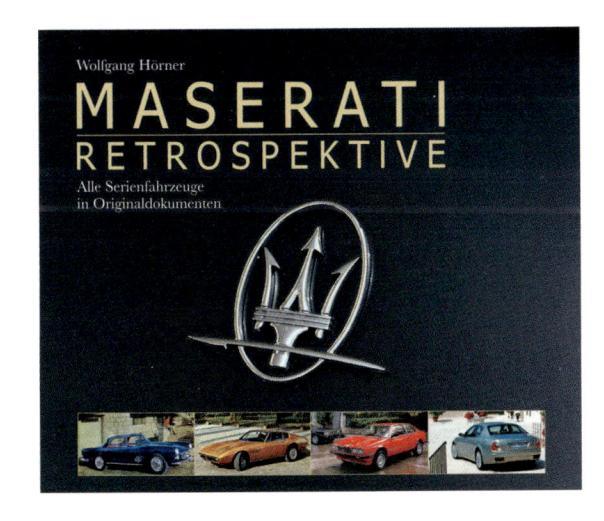

Wolfgang Hörner
Maserati Retrospektive
Alle Serienfahrzeuge in Originaldokumenten

Hardcover, gebunden, 25 x 21 cm
156 Seiten mit ca. 250 Abbildungen
Preis: EUR 29,80
ISBN: 3-9808709-5-2

Ein einmaliges Buch:
Die Geschichte der berühmten Marke mit historischen
Original-Prospekten kompetent nachgezeichnet.